この世は全部
気のせいよ

慎太郎

5

金子國義先生が私をモデルに夕霧太夫を描いてくださいました。泉鏡花生誕140周年のポスターの原画。

前書き

初めまして、銀座でサロンを営んでいる慎太郎と申します。まずは私のサロンのお話をいたしましょう。

私のサロンには、それはそれは華やかな方々が足を運んでくださいます。政財界から芸能界、花柳界《かりゅうかい》まで、各界のトップの方々ばかり。毎日、きらびやかな美男美女が集《つど》ってくださるのですからありがたいことです。しかも、皆さん知的で前向きで、お話をしていて面白いことこの上ない。そんなサロンの様子を見て「慎ちゃん、ここは銀座のパワースポットね」なんて言ってくれる方もいます。

私が申し上げるのもおこがましいのですが、実際にそうだと思います。皆さんが楽しんでくださるから、さらに楽しい方が集まる。なぜか成功している方が多いから、自然とそういった方しか集わない。私もサロンに行くとパワーをいただきますし、足を運んでくださる方にとってもそういう場所になっていると思います。

そんな〝いいスパイラル〟を生む方には共通するものがあるのでは？　というところか

ら、この本はスタートいたしました。ポジティブなものの捉え方、情報の集め方、人脈の増やし方……。一流の方々に接する中で見えてきた、「一流の在《あ》り方」を、私なりに切り取ってみました。

とはいえ、「成功するためにはこうしろ」といったつまらないハウツーをお伝えしたいわけではありません。私がやりたいのは、むしろ皆様の〝思い込み〟を外すこと。たとえば「上司とうまくいかない」「恋愛ができない」といったお悩みは、多くの方が口になさいますよね。でも、恋愛はしなければいけないものなのでしょうか。ニコニコして上司のご機嫌をとるべきなのでしょうか。もしかしたら「そうせねばならぬ」と思っている自分が、自分に足かせをつけているだけではないでしょうか。

サロンに来てくださるトップの方々は、そんな思い込みからはまったく自由。だからクヨクヨ悩むことはないし、悩むヒマもないくらいに仕事や恋にどっぷり浸《つ》かるからこそうまくいく。自分につけている足かせを外して、もっと自由に、もっとラクになりましょう、というのが、お客様から学んだ私の結論です。

ですから、いわゆる悩み相談のように明快な答えがあるわけではないし、常識とはズレている部分もたくさんあると思います。恋愛しなくてもいいし、頑張らなくてもいいし、名を上げなくてもいい――一見すると「それでいいの?」と思われるような考え方が、たくさん出てくると思います。でも、それこそが自分を縛らず、人生を豊かにして、成功を引き寄せてくれる鍵。サロンのお客様から学んだたくさんのヒントを、この本には詰めました。

社会がすさまじい勢いで変化し、人々が寛容ではなくなってきている。そんな現代だからこそ、情報に振り回されず豊かに生きる術が必要になっているように思います。この本がその一助となりますよう、そして皆様がしなやかに、より幸福に日々を送れますよう祈っております。

サロン・ド・慎太郎　矢部慎太郎

目次

構成／高見沢里子

SHINTARO

第一章

なんだか満たされない…幸せ迷子です

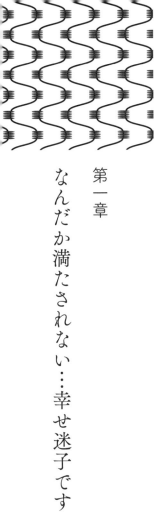

当たり前の毎日を幸せと思えるかが、幸福の第一歩

「なんとなく満たされない」「イマイチ幸せだという実感がない」という方、本当にたくさんいらっしゃいますよね。でも、そういう方にうかがってみると、健康だし、お仕事もおありだし、お友達もいらっしゃるし。ちょっと上司とソリが合わないとか忙しいとか彼氏が欲しいとか、小さなお悩みはもちろんみなさんお持ちです。でも、私から見れば十分幸せでいらっしゃるのにと思うんですよ。

「幸せの青い鳥はすぐ近くにいた」ではないけれど、みなさん自分の幸せに気づいていらっしゃらないだけ。それにも理由があって、「幸せ」という言葉にものすごく輝かしいイメージをお持ちなんですよね。華々しい、誰もが憧れ羨《うらや》んでくれるようなものを想像していらっしゃる。そんなに周囲から祝福され、注目される人生のステージなんて、結婚披露宴くらいのものだと思うのですけれどね。

本当の幸せというのはそんなに派手なものではなく、さり気ない日常の中に、当たり前のようにある出来事なんです。たとえば心臓の鼓動。毎日の鼓動がなければあっという間に死んでしまうくらい、私たちははかない生き物です。改めて意識することはないけれど、仕事ができるのも、美味しくご飯が食べられるのも、恋ができるのも心臓が動いてい

るから。にぎりこぶしくらいの小さな心臓の鼓動のおかげかと思うと、それだって素晴らしい幸せです。幸福というのは、そういったずっと続いているさりげないものなんです。

私は仕事柄、外で美味しいお食事をいただくことが多いけれど、それがないと不幸せかと言ったらそんなことはありません。それに、毎日のようにフレンチのフルコースをいただいていたら体がもちません。自宅でいただく玄米菜食がしみじみと美味しい、丁寧に淹《い》れた一杯のお茶が沁《し》みわたる、といった日常こそが、私の幸せです。そう思うと、当たり前のことを幸せと思える心持ちこそが幸せなのかもしれませんね。

私は北海道の田舎で育ちましたから、子どもの頃は毎日自然を相手にしていました。お花が咲いたら嬉しい、空がきれいだったらワクワクする。子どもだった私の横でおじいちゃんも同じことを言ってました。〝年をとると子どもに戻る〟とよく言うけれど、目の前のことを素直に受け止めるという意味では、子どももお年寄りも同じなのかもしれませんね。何も変わったことは起きていない。でも、それこそが幸せなんです。

五体満足で、仕事があり、忙しいながらも毎日ご飯が食べられている。これ以上の幸せはないと、私は日々思っていますよ。日々の小さな愚痴はもちろんありますが、そういったことも含めて幸せ。そんな視点さえ持てば、1日24時間、1年365日が幸せであり続けるはずです。

身体も所有物も、すべては預かりもの

10代や20代のはじめは誰でも無茶をしがち。私も自分の身体や健康なんてまったく考えず気ままな毎日を送っていたのですが、20代も半ばともなるとこのままではいけないということにふと気づくわけです。徹夜をしたら翌日の仕事に響いてしまうし、無茶を重ねると体調を崩す。「美容のためなら」なんて必要以上に痩せようとしたり強いビタミン剤を飲んだりしていた自分が、ふと恥ずかしく思える瞬間が訪れました。

それと同時に、仕事——もっと大きく言えば社会全体も——がさまざまな方との関わりから成り立っていることにも気づきました。自分だけがよければいいのではなく、周りの方々との関係があって初めて成立する。自分がお金を払う側だからといって何をしてもいいわけではなく、借りたお部屋も所有物も、いわば〝神様からの預かりもの〟なんです。お借りしたものは、キレイに使ってお返ししなければなりませんよね。

どうも最近の日本人は「お金を払っているからいいじゃない」と、ものを大事にしない傾向があるように思えます。たとえばホテルに泊まったときに、「家でやると汚れるから」とわざわざ毛染めをする方がいるんだそう。ひとさまのお部屋を借りているのに、汚して

出るなんてみっともない話だと思いませんか？　カーシェアなども、びっくりするような使い方をする方がいると聞きます。恥ずかしい話ですよね。

私なんぞは、よそにお出かけしたときもお手洗いが汚いとつい掃除してしまうほう。借りたものはキレイにお返ししなければならないし、それに、後から入った方に「慎太郎がトイレを汚く使った」なんて言われたら嫌ですから。借りたお部屋も借りたお手洗いもキレイに使いたいし、自分が買ったもの、所有しているものも大切に使いたいと日々心がけています。

そして、私たちの身体も、そんな〝神様からの借り物〟のひとつなんです。コンプレックスがあって悩んでいるなら整形するなとは言いませんが、それよりも、借り物の身体に自信をもてない心の問題を解消したり、まずはスキンケアやメイクでキレイになる方向を探るのが先ですよね。

私が大好きなマダムのお客様がいらっしゃるのですが、美人と名高い彼女は整形しない派。美しくてリッチな方の中には「この美しさを留《とど》めなければ」とばかりちょこちょこ整形をされる方もいらっしゃいますが、周囲が外見をどういじろうがどこ吹く風。そんなマダムはお近くで拝見するとシワがないわけではないのですが、圧倒的に格好いいし美しい。「シワのせいでキレイに見えない」と整形をしても追いつかないし、「シワをも格好よく見せる」ほうがはるかに大きな美だと思いませんか？

もちろん、そういったシミやシワがあっても美しい方って、見た目だけではなく言葉遣いや所作も美しいし、知識も豊富でいらっしゃいます。ですから一朝一夕《いっちょういっせき》になれるものではありませんが、中身もある美しさは年齢を重ねても揺らぎません。

私たちのすべては、ほんの数十年の預かりもの。キレイに使ってその本分をまっとうさせましょう。

「見かけ」は「見せかけ」。美人もブスも見慣れる

たとえばテレビにひっきりなしに出ていたり、雑誌の表紙を軒並み飾っていたり……。みなさんがよく目にする女優さんやモデルさんっていらっしゃると思うのですが、そういった造作と「いい女であるか」は実は別なんですよね。

私のサロンにもいろんな美女が来てくださいますが、美人でもブスでも、話をしていれば見慣れるんですよね。「美人は3日で飽きる」ではありませんが、ぱっと見が美しくても話が続かなければどうしようもありません。いってみれば「見かけ」はその瞬間の見せかけ。人様と付き合いが続いていくかどうかの決め手は容姿ではなく、魂の部分なんで

す。

不幸も幸せも、続かない。幸福の総量は同じ

たとえばお友達どうしで飲みに出かけて、とても楽しかったとします。お食事も美味しくて会話も弾み、たくさん笑って満ち足りている。「今日は楽しいわね、もう一軒行きましょう！」となりそうですが、私は逆。「ああ楽しかった、今日はこれで終わり！　おやすみなさい」なんです。

というのは、楽しい時間って永遠には続かないんですよね。その時間を満喫はいたしますが、ダラダラと続けると幸せパワーを使いきってしまったり、翌日に響いて後悔してしまう可能性もある。それよりも、その楽しさをめいっぱい満喫してその場で終わらせるほうが、ずっといいと思うんです。楽しみを自分の中で早く終わらせる、というクセをつけるわけです。

そうすると面白いことに、悲しみや怒りといったネガティブな感情も早く終わるようになるんです。「どんな感情も、不幸せな状態も、ずっと続くわけではない」ということが身にしみついているからでしょうか。喜びすぎない、悲しみすぎないことは人生をうまく生きる知恵として役立ってくれています。

私が次々とお店をオープンさせるのも、この姿勢が身についているからです。もちろんやりたいことが多すぎるから1つずつ叶えているうちにお店が増えていったという側面はありますが、「大変な状況を先に作ってしまう」、いわば〝不幸の前借り〟をするほうが結果として毎日が平穏無事に、うまくいくんです。

お店をオープンさせるとなると資金がかかりますし、始めてから2〜3年は赤字を覚悟しなければならない。でもそうやって大変な状況を前倒しで作ってしまうと、面白いことに大きな不幸はやってこないんです。今あるお店がうまくいっているからとそれに甘んじていると、いつか転んでしまうときが必ずやってくる。それよりも、自分でやりたいことにとりかかり、困難に取り組みながら進むほうが前向きじゃございませんか？

人生、幸福の総量は皆さん同じ。幸福だけを独り占めしようとせず、早めに切り上げるのがコツかと思いますよ。

〝幸福探しのクセ〟を身につけよう

皆さん何かというと人のあら探しをする時代になりましたが、そうやって怒ってばかりいて楽しいんでしょうか。限られた人生の時間をそんなことに費やすのはもったいないですよね。

それよりも私は「あ、幸せ！」というものを常に探すようにしています。そんなにキラキラしたものでなくても、日常にはたくさんの小さな幸せが潜んでいますよね。空が美しければ幸せ、出かけた先で思わぬ骨董屋さんに巡り合って幸せ、人との会話が幸せ。そうやって「幸福を探すクセ」を身につけると、ふと見た携帯電話の時間がゾロ目なことも嬉しく感じられたり。

その幸せは人それぞれですから、買い物が幸せ、仕事が滞りなく進んで幸せ、帰りの一杯が幸せ……などなんでもいいと思うんです。物欲だって悪いものではなく、人が前に進むための原動力としてとても大事ですから。

ただ、買い物とおしゃれ、物欲とおしゃれは別問題なんです。ストレス発散にはなるかもしれないけれど、物欲はその場限りでしょう？　私も、若い頃はデートするたびに洋服を買って、その洋服屋さんにいくための服をまた買って……なんてバカみたいなことを繰り返していましたからよくわかります。きものなんて、数億円は買ったのではないでしょうか。そうやってとことん買ってみたから、「大切なのはモノじゃない」ということが身にしみてわかりました。ですから、今では骨董になるもの、売り物になるものを吟味して買うようになっています。

そういった目先の欲よりも、小さな幸せをたくさん見つけること。それが人生を豊かに生き、「今ここ」を大切にする秘訣だと思いますよ。

見せないと幸せじゃない。それって本当に幸せ？

今はSNS流行《ばや》りで、何かというと「いいね！」みたいな承認を求める風潮がありますよね。私も従業員教育のためにと思ってインスタを始めましたし(ginza-shintaro)うつわやお料理に詳しい方と楽しく交流させていただいているので、SNSの便利さについてはそれなりにわかっているつもりです。

でも、それが「他人の承認がないとつまらない」となってしまったら本末転倒。たとえば「いいね！」をもらうためにインスタ映えするカフェで適当なものを食べるより、自宅でゆっくりお茶を淹れるほうがはるかに豊かな時間をもてます。

お洋服だって同じこと。私も20代の頃はブランドものを買い漁《あさ》っていた時期がありますが、ブランドって「見せないと幸せじゃない」の最たるものですよね。ブランド名がわからないと意味がないし、人に見てもらわないと買った甲斐がない。でもそれって、本当に自分が着たいものではなかったなと思うんです。

美意識というのは、そういった「他人の基準」で測れるものではありません。もちろん費やしたお金で決まるものでもない。それよりも、「自分が本当に好きなもの」「自分に本当に合うもの」「自分が納得するもの」を見たり、着たり、食べたりすることのほうがはるかに幸せではないでしょうか。

若い頃にSNSやブランドに夢中になるのが悪いとは言いませんが、いつまでもそのままでは〝痛いおばさん〟になってしまいます。たくさんの人に会うこと。さまざまな文化を見て、触れて、自分の美意識を培《つちか》うこと。それが、自分が本当に好きなものに出会う幸せへとつながります。

私自身も、ある瞬間にばからしくなってブランドもののような〝見栄で買ったもの〟はすべて捨ててしまいました。だって、必死になって数百万のジュエリーを買っても、周囲には億単位のものをゴロゴロつけていらっしゃる方がいるのを見てしまったから（笑）。こんなに小さなもので満足している自分が恥ずかしいと思ったら、毒っ気が抜けてしまいました。

ときどき「サロンをこれだけ贅沢にしつらえているのだから、慎太郎さんの自宅はさぞやエレガントなのでは？」なんて聞かれることがあるのですが、真逆。ワンルームでひっそりと、シンプルに暮らしています。残したのは仕事で必要なきものや最低限のジュエリーだけ。ブランドものなんて持っていませんが、とても幸せですよ。

「ポジティブのはき違え」は、痛い女になるだけ

著名なモデルさんが実践し始めたあたりから「引き寄せの法則」みたいなものが流行りましたよね。なりたい自分をイメージし、常にポジティブな側面を意識する。そうすれば自然と幸運を引き寄せ、どんどんハッピーになっていく……。

確かに、ネガティブなことを言っている人はどんどん不幸を呼び込みます。なぜかDV男とばかり付き合う人、友達に裏切られてばかりいる人、失恋を繰り返す人などを見ていると、そういう相手を自ら呼び込んでいるケースは少なくありません。ネガティブな考え方や発言は、どんどん伝染して〝類友〟が集まるんです。

逆に、ビジネスで成功している方、いい恋愛をしている方、立ち居振る舞いが美しい方は間違いなくポジティブです。明るくて、前向きで、なりたい自分になることを疑わない。天が味方をしてくれる、運が舞い込む方って確かにいらっしゃいます。

でも、「これを唱えていれば何でも叶う」というような、魔法の言葉があるわけではありませんよね。ポジティブな方に運が舞い込むのは、「なりたい自分」や「あらまほしき

未来」を無条件に信じているわけではなく、そうなるための努力を厭《いと》わないから。自分のことを、それだけの手間ひまをかけるに値する人間だと信じているから、努力できるんです。ただ「いいことが起きるといいな」と願ってゴロゴロしているだけでは、何も引き寄せられません。

そしてもう1つ、人生にはプラスとマイナスが必ずあること、幸せと不幸の量は同じなのだと肝に銘じておくことも大切。ポジティブな方だって病気になるし、地震などの災害から逃れることはできないし、誰でもいつかは死ぬんです。ポジティブポジティブとお題目のように唱えていれば不幸が避けて通ってくれるわけではありません。最善を尽くしつつ、最悪に備えておくのが正しいポジティブですから、そこはどうぞはき違えのないように。

ちなみに、神道では、死というのは生まれ変わりのお祝いでもあります。出雲大社では式年遷宮のときには白と黒の布をかけますから、ぱっと見はお葬式のような印象。これも、新しいものへと生まれ変わる儀式だからなんです。ポジティブを引き寄せるというなら、これくらいのスケール感をもっていたいですよね。

病気になったらラッキー!?　これが本当の慎太郎流ポジティブ

皆さん病気はふってかかる厄災《やくさい》であり、避けたい不幸と思っていますよね。でも、病気というのは青天の霹靂《へきれき》で降ってくるものではなく、その前に体からの小さなお知らせがあったはずなんです。

たとえば湿疹が出るとか体が冷える、眠りが浅い……こういった不調は病気のサイン。体の声を無視せず、玄米とお味噌と発酵食品といった昔ながらのお食事をいただき、体を温めて過ごせばぐんと調子がよくなります。

忙しくて体からのお知らせを無視してしまっていたら、もちろん大きな病気になるでしょうね。でも、それで人生がおしまいなわけではありません。いい休み時間をいただいたと思ってじっくり治し、自分の生活のありかたを見直せばいいんですよ。

私なら、もしもガンが見つかったらラッキーと思ってしまいますね。神様がくださった人生の休み時間と受け止め、徹底的に向き合って治します。まずは「一ヵ月後にお休みをいただきます」と宣言して、頑張って1年分の売り上げをあげます。そして、半年は断食道場にこもり、ガンを小さくしてもらう。「お別れの旅行だから」なんて言って海外旅行に行くのもいいですよね。休んでも誰にも怒られないし、悩んだら治るものでもないのですから、この際思い切り休んでしまう。そうやって首尾よく完治したら、ちゃっかり皆様に快気祝いをしていただきます。

もちろん、それで首尾よくガンが治るという保証はありません。でも、生まれた以上いつかは死ぬのだし、そんなに長生きしたいとも思わないんですよ。それよりも、生かしていただいている今をどう大切に使うのかのほうが私には大切。病気になったからと即座に入院し、チューブにつながれて寝ているほうがよっぽど悲しいと思うんですよ。

周囲の人が悲しむのでは？　と思われるかもしれませんが、それは私の問題ではなくその方の問題です。「おばあちゃんが死んでしまって悲しい」と泣くのは、おばあちゃんのことが好きな自分のために流す涙です。私は好きなように生き、生ききって死んでいければそれで充分です。

体型がコンプレックス。
太った体も、痩せられない自分のことも好きになれません

正直、私はかなりのぽっちゃり体型。１６０センチそこそこで55キロ超え……。流行りのダイエットを試してちょっと痩せてはまた戻り、を繰り返しています。ストイック

に頑張るのは無理だし、友達や彼との食事も楽しいし、仕事の合間にちょっとお菓子も食べたいし……。自分でも、意志の弱いダメ女だなと思うんですが……。

私も20キロくらい太りましたが、今の自分が大好きです

この相談者さんの場合、体重や体型よりも「自分に満足できない」という精神性こそが問題ですよね。今でこそきものの似合う〝銀座のマダム〟といった貫禄のある私だけれど、昔は20キロくらい痩せていたんです。173センチで50キロだから、かなりほっそりした部類に入っていたと思います。

でも、そんなスリムなボディにもかかわらず、私は自分の体型にちっとも満足していなかった。薄べったいお腹の皮をつまんでは「太っててイヤ！」なんて言っていたんですから、当時の自分に「こうなるよ」って今の自分を見せてあげたいくらい。本気でマドンナになりたいと思っていて、雑誌のモデルを見ては「どうして9頭身じゃないのかな」と真剣に悩んでいたものです。

ガリガリで、強いビタミン剤を毎日飲んで、青白くて。ダイエットやおしゃれに走るのも楽しかったし、当時の自分は自信に満ちているつもりでした。でも、同時に「私はこんなはずじゃない」って不安もいっぱいだったんです。

そんな20代の私より、だいぶ太りはしましたが今の自分のほうがよっぽど幸せです。昔のような根拠ない自信はなくなりましたが、信頼できるスタッフがいて、素敵なお客様がきてくださって、健康で、本当にありがたい毎日です。昔感じていたような不安は一切なくなりました。それに、本気で痩せようと思えば断食道場に10日くらい籠もればいいだけですから。このお仕事をしていて「食べない／飲まない」慎太郎なんて少しも面白くないから、多少太ってもお仕事や人生が楽しいほうを選んだんです。昔の自分の写真をみると「痩せていたんだなあ」と思いますが、今の体型にみじんもコンプレックスはありません。

相談者さんも、本気で痩せようと思えばいつでも痩せられます。でも、それと同時に「自分が楽しいこと」「自分が幸せと感じる瞬間」を増やしていってください。そして、今抱えている不安を手放してください。痩せるよりもはるかに簡単に、幸福を手に入れられますよ。

なんだかんだ言って、美人のほうが得をしている！

学生時代にモテるのは当然と思っていたけれど、社会人になって同じような仕事をしていても、美人のほうが評価されやすい。美人でもなんでもない私はどうやって生きていけばいいの？　と思ってしまいます。

A コンプレックスもストレスも多いもの。ひがむより、「年齢を重ねてもいい女」になる努力を

美人だったらちやほやされるし、人からのウケもいい。それは事実だと思います。恋愛はもちろんですが、仕事のシーンでも美人やイケメンのほうがトクなことが多いですよね。

でも、それと美人が幸せかどうかというのは別問題。というのも、「美人ですね」と言われる人ほどコンプレックスを抱えていることが少なくないから。周りの10人中10人が「あの人は美人だ」っていう人でも、本人に聞けば「自分の顔のここがイヤ」「〇〇さんのほうがキレイ」とどこかしら気にしている。人間、「もっと、もっと」という気持ちが常にあるし、コンプレックスがなくなることはないんです。

それに、美人はちやほやされる分、苦労も多いもの。ただ普通に生きているだけでいろんな男が寄ってきちゃうし、仕事で評価されたいのに容姿のほうが目立ってしまったり、「あの人は美人だから」なんて言われるんだから大変でしょ。あんまり美人だと、うっかり悪い人に気に入られてしまって遠ざけるのに苦労するなんていう話も耳にした

ことがあります。

　私が親しくさせていただいている方にデヴィ夫人や夏木マリさんといった絶世の美女たちがいるのですが、やはり波乱万丈の人生を送っていらっしゃいますよね。今はとても幸せに暮らしていらっしゃるし相変わらず美しいけれど、それもたくさんのプレッシャーを跳ね除《の》けてきたから。美人であれば幸せではないし、ずっと美しくい続けるためには大変な努力が必要なんです。


　強いていえば、美人に生まれたがために知恵がつき、頭の中身が磨かれるのは羨ましいですね。言い寄ってくる人をさばいたり、あれこれ言ってくる人やうまい話を遠ざけたりするには知恵が必要です。美貌はいずれ衰えるから羨ましいとは思わないのですが、たくさんの経験を重ねて磨かれる知恵や賢さは、大きな財産です。

　ですから、いい女というのは何歳になっても一緒にいるとすごく楽しい。目指すべきは、そんな「中身のある女」ですよね。

　ブスだからとひがんでいたら、経験値も上がらないし見た目も磨かれない。ひがんでいる時間があったら努力すればいいし、楽しく過ごす工夫をすればいいんです。「あの人いいな」なんて思う、暇な時間を作ってはダメですよ。

19歳のホテル勤務時代。毎晩遊び回っていた頃。

第二章

私に何が向いているのかわからない

SHINTARO

「向いていること」より「できること」から

この本を読んでくださっている方は、多かれ少なかれ面接を受けた経験がおありなのではないでしょうか。そのとき「私の得意なこと」「私が詳しいこと」をアピールしなかったでしょうか。私は面接をする立場ですが、そのときに何かしらの「できること」をお話いただくようにしています。資格でもいいですし、「とにかくお酒が好きで詳しい」「ドイツ哲学なら任せろ」といったような趣味でもいい。「私に何ができるかわからないんです」というようなぼんやりした方だと、仕事の場で何をお願いすればいいのか皆目見当《かいもく》がつかないですよね。

努力もしないで「私に向いていることは何かなあ」と天から降ってくるのを待っていても仕方ありません。「これが好き！」というこだわりがおありならそこから始めればいいし、もし特に趣味がないという方なら、どんなことでもいいからアクションを起こさなければと思います。気にいるお皿を1枚買うでも、1冊の本を読むでも、なんでも構いません。そこで感じること、次に学びたいこと、会いたい人が出てくればしめたもの。そうやって小さな努力を重ねて、自分の「できること」につなげていけばいいんです。

会社員だって、余裕ではいられませんよ。今は人生100年時代と言われているのに、早い方なら60歳から年金生活。まだお若いし人生の時間は長いのに、会社からはさっさと体《てい》よく追い払われるんです。そのときに、なんとなく仕事をしてきた、自分の得意はわからない、というのでは残りの人生を豊かに暮らすことはできないでしょう？　まずは何か始めること、そこから「自分にできること」「向いていること」がひろがります。

「働かざるもの食うべからず」は、美談にあらず

私はお仕事が大好きですし、仕事とプライベートの区別もなく楽しんで日々を過ごしています。

けれど、世の人すべてが仕事をしているわけではないし、働けない人や働く必要のない人や、働きたくない人がたくさんいるのも事実です。病気だったり、シングルマザーだったり、失業してしまったり……。事情は人それぞれですが、誰もが同じように働ける環境にあるわけではありません。食うに困っていて、しかも健康な心身に恵まれているのに働かないのだったら問題ですが、「働けない」もあることを、世間はもっと理解していいと思うんです。

ですから、たとえば健康を害してしまったり失業してしまったら、迷わず生活保護をい

ただくこと。「不正受給が」なんて目くじらをたてる人もいますが、そんなのはせいぜい全体の2%くらいで、たいした問題ではありません。働けない事情がある人は生活保護をいただけるという国のルールがあるんですから、堂々といただいて人間らしい生活をなされればいいんです。

「働かざるもの食うべからず」なんて言い方がありますが、私はあまりいい言葉だとは思いません。「何もしていないの?」なんて言うのは、ちっとも優しくありませんよね。バブルの時代は「24時間戦えますか」なんてコピーが流行って働く人を追いつめていましたが、その頃から日本には優しさがなくなっていたのかもしれません。

今は何でも〝批判したもの勝ち〟なムードがありますが、所詮は言いっぱなし。たとえばバレンタイン前になると「バレンタインのチョコは無駄だからやめましょう」なんて記事が出たり、ノートルダム寺院再建の寄附をしたら「ほかの教会にはしないのか」「貧しい人には寄付しないのか」なんて批判されたり。そうやって上から目線で言いっぱなしな意見はくだらないし、格好悪い。

それよりも、それぞれの方の事情に優しいまなざしを注ぎ、人としての優しさや余裕を備えた人でありたい。私はそう思いますね。だから自分に向いているものを探して仕事にしなければならないというプレッシャーも不要なんです。

第一、「働かざるものが……」なんて口やかましく言っているけれど、私たちは五十歩百歩の庶民なんです。サロンには「慎太郎さま、ごきげんよう」と優雅に来てくださる、働く必要のない方々がたくさんいらっしゃいます。そういう方々って1300年前の祖先のことを滔々《とうとう》と語れるほどの歴史がある名家だったりします。彼ら／彼女らからすれば、日銭を稼いでいる私たち庶民も、働けない事情がある方も、同じようなもの。小さな差に目くじらたてず、ギスギスせず、ゆったりと優しいまなざしを持っていたいですよね。

「一生懸命」はいりません。「淡々とこなす」がトクをする

学校でも職場でも、日本人は「頑張ります！」が大好きですよね。先生も上司も、そう言われると「おお、よしよし」なんて満足しているけれど、人間そんなに頑張り続けていたら擦り切れちゃいますよね。

私も、日々丁寧にお仕事をしていこうと心に決めていますが、「頑張る」という気持ちは実はまったくもっていないんです。それよりも、目の前のことを少しずつ、淡々とこなすこと。その積み重ねで少しずつお客様が増え、いいスタッフに恵まれ、店舗が増えていったと感じます。極論すれば「お客様のため」ではなく、そこに山があるから登るイメージなんです。

京都あたりですと、毎日のように野の花を活《い》けて、玄関の掃き掃除をして暮らしていらっしゃるおうちがありますよね。小さくないお宅だったりするから大変だと思うのですが、お水を替え、花を摘み、淡々とお掃除をされている。「私の幸せが」とか「やりがいが」なんて言い出すとこうした日々の雑事ってできなくなってしまいそうですが、自分がすべきことを丁寧になさる姿ってとても美しいなと思います。

それに、お仕事の場でへんな「一生懸命」も不要。もちろん働く以上は楽しんでやってほしいと思いますが、目に涙をためながら「頑張りましょう！」なんて訴えても、いまどき誰もついてきません（笑）。そんなテンションをずっと続けられるわけもないですから、無理をせず、喜びすぎず、淡々と営んでいきたいなと思っています。

そうやった日々の積み重ねって心がぶれないだけでなく、そこからいろんなものが生まれるんですよ。新しいビジネスのアイデアから「あそこにこんなお花を活けたら綺麗じゃないかしら」といったような細かいことまで、ぱっとひらめくのって、そんな「すべきこと」をこなしているとき。何もせずゴロゴロしていたら、こういったひらめきは絶対に訪れませんし、成長はありません。スティーブ・ジョブズが歩きながらミーティングしていたという有名な話がありますが、ひらめきって案外そういった、単調に体を動かすことから生まれてくるんだと思います。

「さあ、新しいアイデアを生もう」とパソコンとにらめっこしていても、会議室に閉じこもっていても、ロクなアイデアなんて生まれません。まずは「すべきこと」を淡々とこなすことが、ひらめきやアイデアの近道です。

頑張ってはダメ。「諦めない」がものを言う

学校教育の影響なんでしょうか、日本人は「頑張ります」というのが好きですよね。

でも、何人もスタッフを抱えてきたからよくわかるのですが、「頑張ります！」と声高《こわだか》に叫ぶ子ほど、すぐに辞めてしまったりさぼったりするんです。気合いを入れた「頑張り」ってその瞬間はいいのですけれど、人間ですからそんなに緊張が続くものではありません。それで疲れてしまって結局気を抜くより、コツコツと「努力を続ける」ほうがよっぽど建設的です。世の中の仕組みや人間の摂理からいって、「頑張る」は逆効果なんです。

とはいえ「コツコツ努力も大変！」と思われる方もいらっしゃると思いますが、難しいことではありません。ただ単に、「諦めない」だけでいい。じっと待つだけなら、それほどエネルギーを使わずにできますよね。

私の知り合いのとある俳優さんはイケメンだし演技もうまいし、話をさせても面白いし、面白いように女性が寄ってくるタイプ。当然のように、あちこちで浮き名を流してい

らっしゃいました。その間、奥様はというと素知らぬ顔。追いかけるわけでもなく怒るわけでもなく、ただ「今日は晩ご飯どうするの?」といった感じで普通に接している。わあわあ騒ぎ立てるわけではなく、ただじっと相手の袖をつかんでいるような感じなんですよ。そうすると、多少遊んでいても、ご主人はやはり家に帰ってくるんです。そして奥様に「あれ、お前、こんなにキレイだったっけ?」なんて言う(笑)。もし彼女が諦めて連絡を断ってしまったら戻ってこなかったと思うのですが、袖をつかんでさえいれば、相手はふと気づいて帰ってくる。そう、「諦めない」は最後に勝つんです。

それから「諦めない」を続けるためには、ほどよい忙しさも大切。私は京都の料亭をオープンさせるまでに2年半かかりましたが、機をうかがっているその間も、銀座のサロンをはじめとしたほかの店舗をやっていくだけで精一杯。「いい料理長はいないかしら」「スタッフを探しているんだけど」とは言いつつも、日々の雑事をこなして忙しくしておりました。結果として、そうやってじっくり探せたからこそ、素晴らしいスタッフと満足いく店舗が作れたと自負しています。

「頑張る」方々は、そういった「ゆっくり練る時間」をもてないし、無理してしまうんですね。また、気が急《せ》くから「こうやって考えている間も家賃がかかるでしょ」「待てばいいスタッフが集まるって保証もないし」なんて余計な心配をする。「頑張る」という気持ちは、時として余計なストッパーをかけることにつながるんです。

先日引退されたイチロー選手などは、よい例ですよね。もともと秀でた才能がおありだけれど、何より素晴らしいのは地道な努力を厭わなかったこと、そして諦めずにチャレンジしたこと。もし彼が日本にいるときに「僕がアメリカにいって大丈夫かな」なんて考えていたら、世界中を感動させるイチローさんの活躍はなかったですよね。小手先の策を弄《ろう》するのではなく、「諦めない」が実を結んだ素晴らしい例ではないでしょうか。

スポーツや音楽の世界では「1日休んだら取り戻すのに3日かかる」なんて言いますが、私たち一般人の世界だってそれに通じるものがあります。頑張るのではなく、ただただ諦めないこと。その積み重ねでしか、何かを形にすることはできません。日々の小さな「すべきこと」を着実に重ねてください。

世の中は「類友」。勘違いは痛々しいだけ！

厳しい言い方に聞こえるかもしれませんが、世の中にはランクというものがあります。そして、経済にせよ美貌にせよ社会的地位にせよ、基本的には「類友」で成立しているんです。自分以上のものに出会うことはないし、無理に高いブランドなどを身につけてもちぐはぐになってしまう。「自分のレベルを上げる」というブランディングも流行っているようですが、基本的にはもともと決まっているものなんですよ。

サロンを営んでいるとよくわかるのですが、たとえば私のところには、不思議と詐欺師みたいな方はいらっしゃいません。それもやはり、私がぼろ儲けしようとか、のし上がってやろうという気持ちがなく、エレガントな方にお仕えするのが好きだから、というところがあるのでしょうね。たとえば旧華族の方、花柳界の方、経済界の重鎮など、なぜか立派なお仕事をされている一流の方が足を運んでくださるんです。これも類友で、にわか成金みたいな方が集まりにくい空気が自然と生まれているんです、ありがたいことに。

それに、現代はネットなどの影響なのか、嘘がバレやすいですよね。セクハラもパワハラも告発されやすくなったし、国のついた嘘だって報道されている。見栄を張って分不相応なことをしても、着飾っても、すぐにその嘘は見抜かれてしまうんです。嘘のない、実直にやっている本物だけが生き残る時代になってきているのではないでしょうか。

銀座にいると、周りでは毎日のように新しいお店ができますし、その一方で撤退するお店もたくさんあります。栄枯盛衰は世の習いではありますが、そんな移り変わりの激しい商売をしている中で、生き残っている方はやはり正直な商いをしてきた方ばかり。人が見えないところでコツコツ努力を重ねていたり、きちんと税金を収めているような方が生き残っているなあと思います。そして、そういう地道な努力を続けていれば、そういった気持ちいい方だけが周囲に集まってきますよ。

ネットの情報も、自分でつけた肩書きも、すぐに賞味期限切れ

昨今は「名乗ったもの勝ち」といいますか、よくわからない肩書も増えていますし、ご自身で新たな肩書を作る方もいらっしゃいますよね。ＣＥＯとかＣＯＯなどの肩書がずらりと書かれた名刺もよく拝見いたしますが、ご自身でそうなさっているとしたらおかしな話。なぜなら、肩書きは「人がつけてくださるもの」で、自分で名乗るものではないからです。

たとえばうつわの世界でも、昨今は独立するとすぐに「陶芸作家です」とおっしゃる方が多い。でも、そういう方って案外大成しないんです。「陶芸家は職人ですから」と愚直なまでにうつわと向き合っていらっしゃる方のほうが、素敵なものを作られるし売れていく。そして、気づいたら周囲から「作家の先生」と呼ばれるようになるんです。「自称・作家」なんて、私に言わせれば「自称大学教授」と同じくらいおかしな話です。

そうやって一生懸命に不思議な肩書をつけて、せっせと情報を発信している方のビジネスがうまくいくと思いますか？　一時的には流行るかもしれませんが、これだけ移り変わりの激しい世の中で、5年10年と続くものではありません。年間に3万もの会社が生まれ

ますが、そのうちの8割は3年持たないのが現実。「自分を見て！」とばかりに並べたキラキラの肩書や美辞麗句なんて、あっという間に飽きられてしまいます。

私のサロンにいらしてくださるお客様の中には、ご自身でビジネスを興されて大成功し、何十年も続いている方が少なからずいらっしゃいます。面白いことに、そういった方について検索しても、会社名はおろか、お名前すら出てこないことがほとんど。また、ネットに出てくる情報は、数ヵ月も前にお客様から聞いていたということも珍しくありません。本当に有用な情報はネットには出てこないし、ネットに出てきた段階で賞味期限切れなんです。

ではそういった方がどこで情報を収集しているのかといえば、口コミや書籍です。自分でつけた肩書やタダで読める情報には、たいした価値が生まれないのが現実。それよりも、その道に詳しい方に聞いたお話や実際に足を運んで得た情報のほうがはるかに大きな価値を持っています。

まずは自分で聞いて、見て、触れて学ぶこと。ウソのない情報も、本当に影響力のある方との出会いも、そうして初めて生まれるものなんです。

Q 自分に向いている仕事って、どうやって見つけてるんですか？

いま、アラサーの会社員です。とりたてて生活に不満はないのだけれど、「自分に何が向いているのかわからない」という気分がずーっとあります。この会社でいいのか。いまの彼氏でいいのか。この仕事が自分に向いているのか……。慎太郎さんのようにいくつもお店をもってバリバリ活躍している人の話を聞くと、「私はこのままでいいのか」という気持ちになります。漠然としたおうかがいで恐縮ですが、ご意見お聞かせください。

A よくある「退屈病」。その重い腰を上げて、立ち上がって！

この相談者さんはきっと、毎日にちょっと退屈していらっしゃるんでしょうね。時間があるから「ここではないどこか」「もっと輝いている自分」を想像してしまう。満ち足りた毎日を送っているのだからそれに感謝すればいいのに、「ほかの可能性が」なんてウダウダしてしまうんです。

こういう方への処方箋は1つしかありません。ああだこうだ頭の中でこねくり回すのではなく、今すぐ立ち上がること！　まずは何か習い事を始めてみましょう。生け花でも陶芸でも英会話でも、何でもいいんです。「これを勉強してみたいな」とちょっとでも頭をかすめたものがあれば、飛び込んでみること。やってみて違うと思ったらやめればいいから、まずはトライすることが肝心です。

一番いけないのは、「私に何が向いているかな」と思いながらずっと座ったまま、無為に時間を過ごしてしまうこと。後になって「あれをやっておきたかった」「趣味が充実している人が羨ましい」なんて思っても遅いんです。若くてエネルギーがある時期なんて、案外限られています。その時期に何も勉強しない、趣味を満喫しないなんてもったいない！

もちろん私も、ゆっくり過ごす時間は大好きです。本を読んだりテレビを観たりする時間も大切だし、「毎日これをせねば」といった決めごとは一切作っていません。でもはっきり言えるのは、「いまは何もしない時間」と決めてのんびり過ごすのと、そういった意志がないままダラダラ時間を過ごすのはまったく違うということ。

私はこれと思ったことしかやってこなくて、そのおかげで「あれをやっておけばよかった」という後悔は何一つありません。「やりたいことがわからない」なんてぼんやりするのではなく、まず行動に移してみてはいかが？

Q「仕事＝やりたいこと」なんて、きれいごとに聞こえちゃう

慎太郎さんは天職を見つけられたし、ビジネスの才もあるからそれだけたくさんのお店を経営し、成功していらっしゃるのだと思います。でも残念ながら私を含め一般人には抜きん出た才能なんてありません。イラストレーターを夢みて美大に入ったけれど、やっぱり厳しくて今はデザイン事務所勤務。夢なんて、そうそう叶わないものではないでしょうか。

A「向いている仕事」なんて死ぬまでわからない。だからこそ「やりたいこと」を追求しなくちゃ

まず最初にきちんとお伝えしておきたいのですが、今の仕事はどちらかといえば私には向いていないということ。決して向いていないけれど、いろんな方にお会いすること、楽しく過ごしていただくことが大好きだから、必死で努力しているんです。お酒やお料理はもちろんですが、空間としての居心地のよさ、スタッフの接客のクオリティ、うつわやお花で季節を感じていただくこと……。一流の方々が足を運んでくださるのですから、日々勉強ですし、心地よく楽しく過ごしていただくために心を砕いています。

それに、お酒を提供するようなサロンでは「いかにも向いて見える人」って実は不向きなことが多いんですよ。たとえば一般の方がイメージされるゲイバーって、陽気でテンションの高いゲイと楽しく飲める場だったりしますよね？　でも、そうやって高めのテンションでお仕事をすると、日によってはテンション低めになってしまったり、いらっしゃるお客様によってノリの良さが違ってきてしまう。「隣のテーブルは盛り上がっていたけれど、うちのテーブルはそんなでもなかった」と差が出てしまっては、お客様皆さんに楽しんでいただけないですよね。それに、お酒が大好きな方だと、つい飲み過ぎてしまうので健康を害してしまったり。楽しくお酒を飲める人だから、あるいはお酒が好きだからこういったお仕事に向いているというわけではないんですよね。

何が向いているか、向いた仕事をできているかなんていうのは、すべて結果論。「私に向いている仕事は何？」なんて探すことに意味はないんです。知り合いに80歳を超えた日本舞踊の先生がいるのですが、そんな方ですら「まだまだ修業中」とおっしゃっていました。若造の私たちが何かを成し遂げたり天職を見つたり、「これが向いてる！」というものを見つけられると思うのはおこがましいのではないでしょうか。

そして、だからこそ、せめて好きなことを仕事にすべきだと思うんです。一日のうち多くの時間を仕事に費やすわけですから、好きなことでなければ頑張れない。苦にならない、やっていて幸せと思える何かでなければ、仕事にしないほうがいいと思うんです。

ただし、１つ頭のすみに留めていただきたいことがあります。何か新しいことを仕事にしようと心に決めたときには、今の生活はないということ。「今の生活水準は落としたくない」と「好きを仕事にする」はなかなか両立しません。たとえばこの相談者さんがイラストのお仕事をしたいと思ったら、今いただいているようなお給料を稼ぐまでには時間がかかるでしょう。でも、そんなのは当たり前。「暮らしはそのままで、好きを仕事にしたい」なんていうのであれば、それはただの趣味です。

「好きなことを仕事にする」というのはそんなフワフワしたものではなく、厳しさも伴います。だからこそ、うまくいったときの喜びも大きいんですよ。

これといった趣味もない私。好きなことを追求している慎太郎さんが羨ましいです

履歴書の趣味の欄に「読書」と書いてしまったことがあるくらい、無趣味な私。なんとなく話題になれば映画も観に行くし、美味しいものを食べるのも嫌いじゃない。で

も、人に誇れるほどに詳しいジャンルって1つもないんです。没頭するほどの「好きな何か」って、どうやって出会うのですか？

迷っているなら日本国内の旅へ。新たな扉を開きたくなりますよ

このご相談みたいに考えている方は、実はとても多いのではないかしら。日本はすっかり貧しくなってしまったし、でも「女はかくあるべし」「男はこうでなくちゃ」みたいな古い規範はいまだに幅を利かせている。そんな中で、夢や生きる望みを見つけるのはとても難しい、窮屈な時代になっていると思います。世の中全体が卑屈になっていて、精神が貧しい〝ちょうだい星人〟が多くなっている。

こういったお悩みは、うちのサロンにいらしてくださるような優雅な方々にも実は共通しています。何不自由なく暮らしているマダムが「私のすべきことって何？」と悩んでいらしたり、古い価値観と闘っていらしたり。人間が生きている以上、どうしても生じてしまうお悩みなのかもしれません。

とはいえ、人生は1回きり。何かしらの趣味や「これに賭けている！」というようなお仕事があれば別ですが、そうでない方は「何をしたらいいの？」と思ってしまうのではないでしょうか。

そういった方にはぜひ「旅」をおすすめしたいですね。それも国内の日本海側。秋田や山形、新潟、富山、金沢や福井あたりはかつて「北前船」（日本海から瀬戸内海を経由して、江戸へと荷運びをした船）なんて言い表されたように、文化の牽引役でした。大人になってからこういった場所を旅すれば、改めて日本文化を見直すきっかけにもなります。

温泉がなくても、食事が美味しくてお安いところがいいですよね。たとえばカニやのどぐろ、ふぐ、ガスエビなど、軽くて日本酒に合う素材がたくさんあります。ゆったりした温泉に入りたいなど欲を言い出すとキリがありませんが、お風呂は簡単でご飯が美味しいところに限れば、安くていいところが多いんですよ。

かくいう私自身も週末旅行をするようになって10数年たっており、今では年間で50回以上旅行しています。そのほとんどが一人旅。「観光したい」「買い物したい」なんて他人の欲に付き合うより、一人のほうがよっぽど身軽で楽しく過ごせます。

月曜から金曜まで頑張って働いているのに、土日も東京にいると今では損した気分になってしまうほど。「やりたいことがない」なんてダラダラしている方は、今すぐ旅立って！　学びたいもの、食べたいもの、知りたいことに必ずや出会えるはずです。

20歳。九頭身になりたい、と思い込んでいた。

第三章

恋愛がうまくいかない

SHINTARO

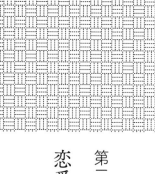

恋愛も結婚も、所詮は気の迷い。気楽に楽しんで

こういうと身も蓋《ふた》もありませんが、恋愛も結婚も、自分の思うようにいくことは150％ないですよね。他人さまとの関係ですから、ボタンの掛け違いがあったり思いがすれ違ったり。私も若い頃は恋愛に夢中な時期がありましたが、年月を経て振り返ってみると「〝好き〟はその一瞬の気の迷いなんだなあ」とつくづく思います。

だから恋愛をすべきではないというわけではありません。そういった時期も必要ですし、好きがエネルギーになって生まれる文化もたくさんあります。王朝文化なんて、惚れたはれたのエネルギーが原動力みたいなものですしね。勘違いを楽しんで、めいっぱい味わって、人生の糧《かて》となされればいいんです。

でも同時に、恋愛で人間のネガティブな面も出てしまうなと思うんですよ。たとえば相手を疑ったり携帯をのぞき見たり、罵声《ばせい》を浴びせあったり、場合によっては暴力に及んでしまったり……。好きだからこそ、エネルギーがあるからこそ、それがマイナスの方向に向かったときに生じてしまう凄《すさ》まじさってありますよね。そういったマイナスな側面とは距離を置ければ幸せな恋愛ですが、なかなかそうはいきませんよね。

ですから、私はあるときにすっぱり恋愛をやめたんです。夢中な時期には「恋のない人生なんて」と思っていましたが、しなくなってもまるで困りません。むしろ、楽しいことが人生にたくさんあると気づき、恋愛沙汰のような波風が立たない幸せな毎日です。恋愛をしないという生き方があってもいいし、好きな人がいないのがおかしいわけではありません。何かしら〝好きという気持ち〟はあったほうがいいかと思いますが、それがわんちゃんやねこちゃんでも、韓流アイドルでも、なんでもいいんですよ。

年頃の女性だと「結婚しなくちゃ」なんて焦りを感じることもあるかと思いますが、しょせんは気の迷い。恋愛や結婚をしなくても、人を好きにならなくてもまったく問題ありません。恋愛はしてもよし、しなくてもよし。決めごとからは離れて、ご自身の人生を楽しみましょう。

恋を始めるなら、まずは自分を愛すること

「なかなかいいと思う人に出会えない」と皆さんおっしゃいますが、恋愛よりも大切なことをお忘れではないかしら？　それは「自分を好きになる」という基本中の基本。「自分ってイケてないな」なんて思っている人に男性が寄ってくるわけないですよね。自分が好

きで、楽しくて、満たされて、その気持ちがいっぱいになって溢れたときに初めて人を好きになるし、人様からも好いてもらえるんです。

たとえばおしゃれする、メイクするなんてところから始めるのもいいでしょう。「愛されメイク」なんて気にしなくていいですから、まずは自分のためにすること。今日のメイクが決まって嬉しい、この服を着ていると心地いいと自分が感じられればいいんです。そうやって自分のためにおしゃれをすると、自信が生まれますよね。そういった自信は、どんなメイクやファッションよりもその人を輝かせるんです。

たとえば渡辺直美さんが「私なんて太っていて」とウジウジしていたら、同じ顔でもまったく人気がでなかったと思うんですよ。どんな顔か、どんな体型かよりも〝私はこれ!〟という自信は人を魅力的に見せてくれる。トム・クルーズもアメリカ人の俳優としては低めの身長ですが、あのピカピカの笑顔でスターになりましたよね。たとえ台にのって演技していても、自信に溢れた笑顔があればスターになれるんです。

私などもその一例。スッピンだとどなたにも気づいていただけませんが、正装して凛としていると皆さんに「いい女だね」なんて褒めていただける。特に女性にはヘアメイクという強力な武器がありますから、多少のコンプレックスなんてすぐにカバーできます。まずは自分で自分のことを好きになること！　いい恋愛はそのあとです。

恋と不安はワンセット。好きなら諦めるしかない

人を好きになるのは楽しくもあるけれど、同時に気持ちが不安定になるのもお約束。だって相手は他人なんだから、心の奥底で何を考えているのか、言っていることが本当かどうかなんてわかりません。疑いだしたらキリがないんです。

ですから、疑いだすならそもそも恋なんてしないほうがいい。好きなら疑わず、ひたすら信頼すること。エディット・ピアフの歌詞のように、好きな人のためなら泥棒もするわ、というくらい、「私の選んだ人は間違いない」と全幅《ぜんぷく》の信頼をおくしかないんです。

もともと日本はおおらか。倫理を過剰にしすぎない

今は著名人が不倫したといってはすぐ大騒ぎになります。結婚していれば法律的にはいけないことになりますが、付き合っているだけのカップルでも浮気をしたのなんだのとかまびすしい世の中。より倫理的に、より厳しくなっているように思います。

でも、浮気を殺人か何かみたいに大騒ぎするのは違うなというのが私の考え。人の気持

ちを縛ることはできないのですし、それが結婚している間柄だとしても、愛情の保証にはなりませんよね。

浮気されてしまうというのは、そもそもお相手の気持ちが自分のところにないから。「私のところにある」「彼は私のもの」と思っていれば浮気されたときに腹が立つのでしょうが、そもそも自分から離れてしまっていたんですよ。それが浮気という事象によって発覚しただけ。ですから私は「相手が浮気した！」と大騒ぎになっているニュースを見るたび、それなら別れればいいのにと思うんです。

そもそも、日本はこういった恋愛の倫理観が極めてゆるやかなお国柄。ちょっと古典をひもとけば、光源氏でなくとも貴族たちはせっせと恋愛し、浮気するのが当たり前でした。農村でもお祭りで隣町に出かけていけば、お面にゆかたで一夜のお相手を探すなんてケースも珍しくありません。その結果として子どもができれば、誰の子どもというわけでもなく皆で育てる文化だったんです。

倫理に関して過剰な反面、最近の日本は先進国のはずなのに、梅毒やエイズが流行っています。必要なのは、倫理よりも正しい性知識。恋愛を楽しむには、まずはそこからです。

恋愛体質は、モテとは別と心して

恋愛しないと宣言してだいぶ経ちますので、恋愛していた頃の自分を客観的に見られるようになりました。

振り返ってみると、恋愛ってヒマだからするんですよね。若い頃の私も御多分にもれずヒマで、朝・昼・晩と違う男性と会っているような毎日でした。当時の自分はモテていたなとは思うのですが、その反面、誰からも愛されていなかったように思います。

「結婚適齢期は20代」が現実。〝人に見せない幸せ〟を目指して

今の女性たちは、ずいぶん若々しくキレイな方が多いですよね。社会で活躍される方も増えているし、出産年齢も上がっている。何歳になっても美しく、輝ける時代なんだなと思います。恋愛だって、なさりたい方は何歳でも、どんなお相手とでもなさればいいんです。

とはいえ、こと「結婚」については私は保守的。結婚して、子どもを育てて……という「絵に書いたような家庭像」を望むのであれば、20代でさっさと結婚したほうがいい。結婚は勢いでするもので、だからこそうまくいくんです。

それを30代、40代でやろうなんて思っても、体力も精神力ももちません。年齢を重ねてから意地になって結婚しようとしても、社会経験を積んで目も肥えているから、なかなか結婚できず苦労してしまう。そんな大変な思いをするなら、結婚なんてしなくていいんですよ。

それに、ある程度の年齢になってから子どもが欲しいと思った場合、それなりの苦労がつきまといます。大変なお金や労力を不妊治療に投じて、泣きながら諦める方を何人も見てきました。もちろん結婚や出産はタイミングあってのものですから、不妊治療をするなとは申しません。ただ、「このくらいの予算内で」「来年いっぱいで授からなければ諦める」など、〝引き際〟をきちんと決めておくのも大切です。若々しく見えても、人間の体なんて限界があるのですから。

もう1つ、結婚生活やその幸せは、人に見せびらかすものではないとも覚えておくべきでしょう。お相手の収入や社会的地位、あるいは容姿なんていうのはオマケみたいなもの。結婚の幸せは人から承認いただくものではなく、お相手と感じるものではないでしょうか。

私が好きなご夫婦は、こんな感じ。小さい家に住んでいて、お互いが大好きで、「私たちって家族そろって食事できて、趣味を楽しめて、住むところがあって幸せね」とにっこりしている。そうやって考えると素敵でしょ？

特に美人さんは、山奥にお住まいの方のところにお嫁にいったほうが幸せになるのでは、なんて思います。都会の真ん中だと誘惑も多いし、情報も多いし、なにかとせわしない。もっと刺激が欲しくなるような毎日ですから、落ち着いた幸せな結婚生活を送りにくいんですよね。

だったらいっそのこと陶芸家の嫁になって、山奥に住んで野菜を作り、旦那さんの焼いたうつわでその野菜をいただく。そして、たまのお客様にお料理を振る舞う。そんなシンプルな暮らしこそが、幸せな結婚生活なのではと思うんです。

20代で結婚できなかった？　そうしたら、そのまま結婚なんてなさらなければいいんですよ。結婚しなくても恋愛はできますし、仕事や勉強、趣味など楽しく過ごす方法はいくらでもあります。「結婚しなきゃいけない」と思うのは、所詮は気の迷いなんですよ。

「食べていける結婚」なんて稀。出産は分けて考えて

いまだに女性の中には「子どもが欲しいから結婚しなくちゃ」とか「結婚は生きる手段」と思っている方がいらっしゃいますよね。

でも、いまどき「食べていける結婚」なんてそうそうありません。そこまで稼げる男性はごく稀《まれ》になってきていますし、結婚してもご主人がずっと元気で働きつづけられるとは限らない。籍を入れていれば必ず愛情が保証されるわけでも、別れたときに慰謝料を払ってもらえるわけでもありません。糧にできるような結婚は、まずないのだと覚悟していただきたいですね。

もし子どもが欲しいと思われるなら結婚してもいいのですが、結婚しないまま子どもをもうけてもいいですよね。極端な話、顔が好みという男性がいたら、その方の子どもを産んで母子家庭で育てるのだって楽しいと思うんですよ。お父さんがいるからって育児をシェアできるとも限りませんから、それなら「この男性の子どもが欲しい！」で産んで、ひとりで育てるのもアリですよね。

「結婚して、出産して」なんてライフコースは、結局のところ思い込みにすぎません。ご自身の望みが何なのか、いま一度じっくり考えてみてはいかがでしょうか。

いい女は、いつだって優しい、忙しい

たとえば夏木マリさんなど、年齢を重ねても美しくて格好いい女性っていらっしゃいますよね。そういう方とお付き合いさせていただいていると、「いい女」というのはとことん優しいのだなあといつも思います。

彼女たちはいつだって一生懸命で、いつも他人さまのことを考えているんです。自分のことばかり考えず、人のことを考える余裕をもっていらっしゃる。マリさんは、「マリルージュ」という赤いバラを使って「One of Love」プロジェクトを展開。収益を途上国の支援に当てています。

ジェーン・バーキンさんをはじめとした往年のフランス女優たちが動物愛護や自然保護の活動を始められるのも、人権にすごく意識的なのも、そういったところがおありだからなんでしょうね。自分のことを愛している、でも自分と同じくらい他人さまのことも愛せるんです。

だから、私の周囲にいる女性たちはいつも忙しそう。お仕事や趣味に没頭していらっしゃるし、それでいながら他人のお世話も焼くし、困ったことがあればいつでも手をさしの

べてくださる。スタイルも美貌もキープしていらっしゃるのに、実は母親の介護もしていたなんてこともしばしば。先日は70代のマダムが「実は母の介護をしているんだけど、ちょっと疲れちゃったわ」と愚痴をこぼされて、今まで疲れていなかったのかと驚いたくらい。

一生懸命で真面目で、自分の年齢なんて考えずに全力で生きている。私もそんなふうに年齢を重ねていきたいなといつも思います。

結局、モテるのは若い子。アラサーになってめっちゃ焦ってます

職場でも可愛がられるほうだし、彼氏を切らしたことはない私。でも、20代半ばを過ぎたら「アレ?」と思うことが増えてきました。飲み会でチヤホヤされるのは新人だし、合コンの話もぐっと減ってきて。結婚したいなとは思うのですが、婚活市場だと若い子のほうが有利だと今更ながら打ちのめされてます。いまさら年齢は巻き戻せないけど、まだまだモテたいんです!

A 「若ければいい」は1つの真理。だから「枯れてこそ美しい」真理を身につけよ

「年齢なんて関係ない。若い子が好きだなんて、成熟した女の魅力を知らないバカだけだ」なんて言ってさしあげられたら、この相談者さんは気持ちがすっきりするんでしょうね。でも、残念ながら若さが価値を生むというのは、1つの真実です。

たとえば舞妓さん。かつては早ければ9歳、遅くとも13歳にはお座敷に上がって修業を始めていました（※現在は中学卒業後の15歳から）。そういった若い子を愛《め》でて活力とする、という文化があったんですね。谷崎潤一郎の『痴人の愛』もそうですし、『源氏物語』も自分が見出した少女の成長が物語の核になっていました。

今ならさしずめロリコンと非難されそうですが、そういった文化って実は日本だけではないんですよ。西洋の宗教画で天使が登場するのも、変声期前の少年を集めて合唱団にするのも、去勢してカストラートに育てるのも同じようなもの。今の常識や法律では考えられませんが、貧しい子が召し上げられて皇帝や国王のそばにお仕えするという文化があったんですね。ルーブル美術館の「ナポレオンの間」にも、中学1年くらいの女の子の銅像があります。洋の東西を問わず、「若い子がいい」というのは人間のＤＮＡ

に刻み込まれているのだと思うんです。

でも、だからといって諦める必要はありません。「古いほうがいい」「年代を重ねたものこそ美しい」という価値観だってあるんです。たとえば私が大好きなうつわの世界では、長く使われてきたからこそ輝く骨董品があります。生まれたばかりのうつわは「硬い」とか「ツヤツヤしすぎ」なんて言って敬遠される。新しいこと、若いことに重きを置かないカルチャーなんです。

この相談をしてくださった方も、「ピカピカのフレッシュな私」という魅力をさっさと脱ぎ捨てて、「長く生きたものしか出せない魅力」を引き出す努力をなさればいいんです。そうすれば、そんな深い魅力に気づいてくれる男性や、何年も付き合える友人との出会いが増えてきますよ。歴史あるもの、古いもの、経験を経たものを愛するということはとても深くて素敵なことなのですから。

いつかは結婚も子どもも……と思うけれど、出会いがない

今の生活に不満があるわけではないけれど、彼氏ができないと言い続けてはや4年。このままで結婚などできるのか、なんとなく将来が心配です。

恋愛なんてしなくてもいい。「不満がない」という究極の幸せを見つめて

この方にまず申し上げたいのは、「不満がない」というのはものすごい幸せだということ。五体満足で、仕事もあって、友達もいて。それで幸せと感じないご自身は、いささか他人の目を気にしすぎだと思います。

そして次に気になるのは「恋人がいない」をなぜ心配するのかということ。恋愛も結婚も、しないといけないわけではないですよね。独身でも、恋人がいなくても人生を謳《おう》歌《か》している方はたくさんいらっしゃる。それでも「彼氏がいない」「出会いがない」と考えてしまう場合には、悩みを因数分解してみましょう。

ふと暇ができたとき、一人で過ごす夜などに「彼氏がいればなあ」と思ってしまうのだとしたら、その悩んでいる時間を別のことで埋めましょう。ほかにも楽しいこと、好きなことがたくさんあるでしょう？　昨今は人の悩みや不安を煽《あお》るような記事も多いけれど、そんなものは真に受けなくていいんです。まずは「世間からみた自分の体裁《ていさい》」より「自分が楽しいか」を常に考えるクセをつけましょう。

それからもう1つ、「なぜ結婚したいのか」をじっくり考えてみること。生活の安

定？　誰かに選ばれたという満足？　子どもが欲しいから？

次に、それぞれの理由が本当に結婚で満たされるのかを考えてみましょう。いまどき、結婚したら生活が安定するような夫なんてそうそういません。稼ぎのあるご主人だって、いつなんどき病気をされたりリストラされるかもわからない時代です。また、6組に1組が不妊に悩むと言われるいま、結婚＝子どもというのも幻想です。もし子どもに恵まれたとしても、その子が健康なのか、望むように育ってくれるのかなんてわかりません。

こうやって考えてみると、結婚はいわば〝新たな不安の始まり〟。そういった不安をも一緒に乗り越えていきたいというお相手がいれば結婚すればいいし、いなければ結婚しなくてもいいんです。〝結婚しなくちゃ〟という幻想なんて、さっさと捨てましょう。

体の相性はいい彼との不倫が、やめられません

現在、不倫6年目の30歳。自分で言うのもなんだけど14歳で初体験をしてから男性経験も重ねてきたし、いい大学を出ていい企業に勤めていて、ビジュアルも悪くないほうだと思います。でも同世代の男性は物足りないし、正直、不倫の彼とは体の相性もすご

くいい。不倫くらいが精神的な負担がなくてラクだなと思う自分と、「年齢的に今の自分が売り時では？」という気持ちとの間で揺れています。

A セックスはクセになるけれど、恋愛とは違うと心して

この方とお相手の方は、本当にセックスの相性がいいんでしょうね。でも、年齢を重ねてきて「このままでいいのかな」と不安になるのも当然。そんな〝売り時〟な相談者さんに、セックスについて案外語られていない、でもきわめてシンプルな真実をお話したいと思います。

それは「セックスは、しなくても済むものだ」ということ。よく「セックスしていないからカラカラになる」とか「セックスでキレイになる」なんていうけれど、あんなの大嘘です。セックスしすぎて汚くなっている人もたくさん見てきましたし、ないほうが平穏無事なことも多いくらい。今は不倫相手とのセックスに夢中のようですが、「なくてもいいんだ」ということをまず頭にいれてください。

そしてもう1つ大事な事実は、「セックスはクセになる」ということ。どこかしら中毒性があるもので、し始めるとどんどんハマってしまうということ。

これって男女の間に限らないんです。たとえば新宿2丁目あたりには、体を売っているいわゆる〝ウリ専ボーイ〟がいますよね。こういった男の子たちって、もともとはゲイじゃなくてストレートがほとんどなんですよ。というのも、ホモの人は〝自分の好きなタイプ〟があるから、それを曲げてまでウリに走らない。ストレートの男の子が、お金のためにやっていることが多いんです。

ところが、そうやってウリを始めて男同士のセックスが日常になると、これがクセになる。はじめは男が好きじゃなかったのに……と言いながらハッテン場にいる男の子って、実はたくさんいるんです。

セックスというのはそれくらい、始めたら止まらないものという覚悟が必要。そして、この相談者さんの場合も当てはまりますが、「クセになるセックス」は恋愛ではないんです。

では、そんな関係にハマってしまったらどうすればいいか。関係を断ち切るだけでなく、1年くらいセックスから遠ざかることをおすすめします。そうすると面白いもので、憑《つ》き物が落ちたみたいに体が落ち着いてくるはず。

誰もが結婚をすべきだとは、私はまったく思いません。でも、体の関係だけのパートナーと一緒に年齢を重ねていくのは不可能でしょう。年月を重ねていくパートナーが欲しい、あるいは結婚したい、子どもが欲しいと真剣に思っているのであれば、「セックス断ち」が一番の解決だと思いますよ。

Q

今の彼が好きで好きで、好きすぎて。いつか振られたらどうしよう？

付き合って半年くらいですが嫌なところが1つもなく、全部が好き。いつか彼から振られたらどうしようとか、この気持ちがなくなってしまったらどうしようと悩んでいます。友達からはそんな私は異常だと言われるんですが……

A

身を焦がすような恋も、号泣したときの涙も、すべては幸せな思い出。どうぞご心配なく！

こうやって相手に夢中になる、何もかもが好きと思える相手がいるのは素晴らしいことですよね。でも、相手が誰であっても、恋愛は〝気の迷い〟なんです。自分でも数々の恋愛をしてきましたし、周囲の人々の恋愛模様や修羅場をいやというほど見てきた私だから、断言できます。

たとえば大好きで大好きで仕方ない相手とうまくいかなくて、雨の中ずぶぬれになりながら、泣きながら明け方にとぼとぼと家に帰る——そんな経験は、私にももちろんありました。こんなに泣いて枯れてしまうのではないか、あの相手を失ったら生きてはいけない、と思いながら。

でも人間って面白いもので、頭のどこかでは「あ、雨でぐしょぐしょに濡れてるからシャワー浴びなくちゃ」なんて考えていて、きちんと家に帰るんですよね。大好きな相手のことで頭がいっぱいでも、きちんとお腹は空くしトイレにも行くし、お風呂にも入るでしょう？　身を焦がすような恋愛というのは、単なる幻想。いつか自分のしていることにあほらしくなって、すとんと正気になる瞬間が来るんです。

それに私の場合はゲイだから、結婚する、子どもを作るといった節目がありません。ある意味〝好きの終わりがない〟状態だからきりがなくて、すぱっと恋愛をやめました。好きと思っているのも気のせい、振られて悲しいのも気のせい。そう思うとすっと心が楽になりますよ。

だから、今の彼が大好きで仕方ないのなら、めいっぱいその恋を楽しんでください。好きになったらキムタクに見えていても、別れたら名前も忘れてしまうのが人間なんです。仮に振られたとしても絶対に死なないし、好きなまま結婚したらそれはそれでおめでたいこと。すべては心のなせるわざなんです。

夫の浮気が発覚！　ふんだくって離婚しようと思ってます

相手は会社の部下のようなのですが、結婚して子どももいる男性相手によくもまあ、と怒り心頭です。とはいえ夫もその相手に夢中のようなので、ふんだくるだけふんだくって離婚をしようかなと思っています。最近は芸能人や政治家も気軽に不倫をしてはニュースになっているし、日本人の倫理観が落ちているようで気になってなりません。

「ちょうだい」と駄々をこねるより、毅然とした女のほうがオトクです

日本は一夫多妻ではないから不倫はダメ。それはひとつの事実だし、相談者さんがお怒りになるのもわからなくはありません。

でも、ひとつ気づいてほしいのは、ご自分はご主人から愛されていないということ。まずはそこに気づいていただきたいですね。妻を愛していれば、よその女性に目がいくことはないでしょう。要はあなたへの愛情がなくなったということなんです。

それでもあなたがご主人のことを好きでそばにいたいと思うなら、諦めて不倫を容認

するしかないですよね。結婚制度というのは、愛情まで保証してくれるものではないのですから。

とはいえ、この相談者さんは離婚を決意された模様。お子さんもいらっしゃるようですし、頑張って話し合いをするしかありませんよね。ですから、そんなときに女性がすべき立ち居振る舞いをひとつお伝えしましょう。

数年前に、私の友人が離婚しました。その時に立会人として私も間に入ったので、離婚やそれにまつわるやりとりをつぶさに見ることができました。

そのとき面白かったのが、「慰謝料などは結構ですから」と毅然《きぜん》と振る舞っていると男が頑張るということ。もちろん気持ちの上では、怒りも悲しみもあるし、子どもがいるのであれば慰謝料や養育費をしっかりもらわなければ、という焦りもあって当然です。でも、そんな感情にまかせて「ちょうだいちょうだい」「あなたが間違ってる！」と駄々をこねると男は引いてしまうだけ。「もうあなたは必要ないです、ひとりで生きていけるから」と飄々《ひょうひょう》としているほうが、結果として手にするものが多いんです。

それに、フランス婚ではないけれど「私は私で生きていく」とお互いに自立しているほうが、地に足をつけて冷静に話し合えますよね。「不倫は間違っている」とか「ふんだくる」という考え方からは、何も生まれません。新しい、よりいい関係を構築しようという気持ちで臨むほうがおすすめです。

それからもう1つ、法律は何も守ってくれないこと、自分でやらなければならないことは覚悟しておいて。だって、「戸籍に入っているから」とか「子どもがいるから養育費を払うべき」とかいくら言っても、相手が知らん顔して払わなければびた一文入ってこないのが現実です。離婚というのは、そんなに簡単な手続きではありません。感情に流されず、凛とした女で新たな一歩を踏み出してください。

21歳。ニューハーフになりたて。恋に買い物に一生懸命だった。

第四章
仕事で成功したい

SHINTARO

「オンオフ」を分けるべからず。「仕事=遊び」です

最近は「働き方改革」の影響もあって、仕事とプライベートを分ける、プライベートをきちんと確保するという考え方が主流になりつつありますよね。

そんな流れに逆行するようですが、私は昔から「仕事は人生そのもの」という考え方。「日曜はプライベートなので」なんて線引きするほうが、気負っていていてリラックスできていないいじゃないと思ってしまいます。「仕事という手段を通じて人生を謳歌している」と思うと、すごく幸せなんですよ。銀座、京都、北海道、金沢……あちこちにお店を作ることができ、飛び回ることができて本当にありがたいと思っています。

それに、仕事を仕事と思うと楽しくなくなってしまうんですよね。「これは仕事、これは遊び」なんて分けようとすると、人生はほとんど苦しみになってしまいます。

しかも、仕事を楽しんでいない方って、会社からも必要とされないですよね。「仕事が楽しくない」という気持ちは否応なしに伝わりますから、結局ソンするのは自分です。そんなに嫌なお仕事なら、自分のためにも会社のためにも辞めたほうがいい。ご自身が思うほど会社はあなたのことを大切にしていないし、社会からも必要とされていないんですか

ら。

それぞれの価値観によりますが、私は、仕事を選んで家庭がダメになったとしても、仕事を満喫し、仕事に生きるのであれば素晴らしいと思います。時間は限られているのですから、あれもこれもというのは無理。どうしてもその仕事をしたいのであれば、家族にも「私はこの仕事をするのが好きだから、その道で頑張ります」と話せばいいんです。お子さんに謝る必要なんてありません。「仕事を選んだら、家庭は諦める」とか「この仕事が好きだから、収入には目をつぶるとか、すべては選択の連続。両立できないことがあっても致し方ないかなと思います。

人生100年時代、仕事は死ぬまで一生続けるものとなってきていますから、仕事を選んで邁進《まいしん》するもよし、です。それに、サラリーマンで定年退職してぼんやり過ごしていたら、あっという間にボケてしまうでしょ。

仕事のストレスは、仕事で解消

多かれ少なかれ、仕事にはストレスがつきものです。皆さんはそれをどう解消されていますか？

たとえば「週末にたっぷり遊ぶ」なんてのも1つの解決法かもしれませんよね。でも、それでキャンプに行くなんてなったら、準備も大変だし渋滞もあるし、帰ってくるときにはぐったりと疲れている。仕事とはまた別のストレスを抱えてしまっていませんか？　結局のところ、仕事のストレスは仕事で解決するしかないんです。

私も若い頃は年中無休で仕事をしていて、ストレスが溜まるからと浴びるようにシャンパンを飲んでいた時期がありました。当時は「1日3時間寝れば大丈夫！」なんて思い込んでいましたし、お酒に走ればそのときは気が紛れる。でも、そんな生活をずっと続けていたら当然、体はダウンしますよね。飲みすぎて自律神経がおかしくなって、生活を見直さざるをえなくなりました。そういう意味では、ある程度の病気はありがたいなと思いましたね。病気でもしないと無理していることがわからないし、感謝を忘れてしまいますから。

それからというもの、仕事で生じるストレスをほかの手段で解消するのは一切やめました。それよりも、仕事が少しでも楽しくなるよう工夫をするほうが前向きですし、環境に問題あるならそれを変えていけばいいんです。仕事がしやすいように環境を整えるのも、仕事のうちとでもいいましょうか。あまりにストレスが大きいのであれば、サラリーマンなら転職なさってもいい。

ストレスは抱えないこと、ほかの手段でごまかさないこと。それが仕事をきちんとまっとうすることにもつながりますから。

手を抜かずに「励む」がうまくいく

ビジネスの分野では〝意識高い系〟といいますか、上へ上へと上りたがる方も少なくありませんよね。ヒールも高くてカツカツ歩いて、頑張って。そういう方を見ると、私は「ご苦労様」とつい手を合わせたくなってしまいます。意識にせよ血圧にせよ血糖値にせよ、なんでも「高い」にいいものなんてないんです。

前にも申し上げましたがそもそも「頑張ります！」なんていう人ほど頑張らないんです。本当に結果を出す人って、いちいち「頑張る」なんて口に出さないんですよ。

それよりも私がおすすめしたいのは「励みます」という表現。自分に優しく、でも手を抜かず、コツコツと実践していく意気込みが感じられますよね。

寝ないで頑張ればエライわけではないし、意識が高ければうまくいくわけでもありません。地味なことを丁寧に、感謝しながらこなしていける方がきちんと結果を出すんです。

「人に仕える」は最高に面白い

私は経営する立場ではありますが、「お客さまにお仕え申している」と日々思っています。それに、会社員の時代もありましたから、誰かの部下でいる、誰かに仕える気持ちもよく理解しています。

その上でお伝えしたいのが、「誰かに仕える」のはとても面白いということ。自分ひとりではできそうもないこと、考えつかないことをやらせていただけるのだから、大きく成長できますよね。勉強しなければわからないことってたくさんありますが、それをどなたかが決めてくれて自分の仕事になるなんて最高じゃないですか。それに、自分でやることを決めなくていいのだから、ある意味気楽でもあります。

最近は「自分らしさを出さなくちゃ」とか「自分で考えてやるべき」なんて風潮が流行りですが、自分らしさも自分の考えも、ベースとなる知識がなければ出てきません。そんな力もない、知識も経験もないのにいきなりいいアイデアなんて湧いて出てくることはありません。人様にお仕えするというのは、お金をいただきながら自分を伸ばすことができる、最高のチャンスなんですよ。

経験不足の方、知識がロクにない方に限って、「自分でやりたい」と言い出したり上司を批判したり、「あんなに給料をもらっていいいな」と雇用主の持ち物を羨ましがったりする。そうやってわきまえられないことこそ、知識や経験のない証拠です。

会社にいて上司や顧客に不満だらけという方は、たとえば『ダウントン・アビー』などを観てみると面白いかもしれません。当時のイギリスはあからさまな階級社会でしたが、その反面、「仕えるプロ」として使用人にもきちんと敬意を払っているんですよ。ですから、時には使用人が貴族に意見を言うこともあるし、それを日本のように「口答えなんて生意気な」とは言わない。使用人の側も、自分のクリエイティビティを発揮しようとか、やりがい云々なんて言いださず、それぞれを尊重しあうからうまくいっているんです。

立場の違いはありますが、お互いが自分の職務に忠実であろうとすること。そうすればたいていの仕事はうまくいくし、それぞれの能力が最大限に引き出されるものだと思いますよ。

経営者は甘え上手、使い上手（「私はできないから任せてる」）

サラリーマンの方からみると「お店を経営している」ってすごいことに見えるようですが、私の場合、実は大したことありません。

私は「自分ができない」ことをよくわかっているんです。もしも私が会社員で「あれをやれ」「これをやれ」と言われていたら、できないことが多すぎてパンクしていたかもしれません。幸いにして経営する側ですので、「みんなにやってもらったらありがたい」とお願いして、助けてもらっているだけ。たまたま、10代から付き合いのある優秀な仲間がいるので、全部お任せしているんです。

そうやって人にお任せしていると、ズルを働かれるんじゃないかと疑心暗鬼になる方もいらっしゃいますよね。そういった、人に任せられない方はご自身でなされればいいのだと思います。私は逆に、やりたいことがたくさんあるので細かいことはどんどん人に任せたいだけ。その結果として、1億や2億横領されたとしても仕方ない、それくらいの覚悟はしております。

信じることにリスクがないわけではございません。ただ、信じて納得することで前に進めるし、おかげさまで順調にお店も増えてまいりました。時間はかかりましたがすべてが黒字に転じておりますから、結果オーライだなと思っています。

経営する、あるいは部下も持つというお立場であれば、甘えてみること。それがスタッフが気持ちよく働いてくれる最大の秘訣かもしれませんね。

部下を怒っても伝わらない。オネエ気分で「大丈夫?」を

この本を読んでくださっている方の中には、経営者や管理職、部下を抱えている立場の方もいらっしゃるかと思います。そういう方々からよくうかがうのは「部下が働かない」「怒っても変わらない」という不平や不満。そのお気持ちもわかりますが、上司と部下の関係はずっと反比例なんですよね。上の方は「こんなに払ってるのに働かない」と怒るし、雇われている側は「これしかもらえない」と不満をもつ。それが変わることはないと思います。

それでも仕事を円滑に進めていくために、私は自分の仕事を「社内接待」と定めています。「疲れてない?」「うちにいてくれてありがとうね」「大丈夫?」「旅行いこうか?」この繰り返し。それがオーナーの仕事だと思うんですよ。

もちろん、スタッフがミスをすることはありますから、注意はいたします。でも、怒るといまどきの子たちは萎縮《いしゅく》してしまい、ただ小さくなって話を聞かなくなってしまう。「こんな仕事ぶりじゃダメだ!」なんてキーキー怒っても効果はありませんから、決して怒りません。

その代わりにおすすめなのが、オネエキャラに徹してたしなめること。たとえばこんな感じです。「私ね、あなたはバカじゃないと思うのよ。私もあなたのこと嫌いじゃないの。だから、どうするか決めてほしいの。やるの、やらないの？　やらないと、あなたのことを守れなくなっちゃうのよ」。

どうでしょう、こうやって「気にかけてるのよ」という形で注意すれば、相手も反発せず話し合えますよね。

マッチョな、男性的な怒り方をするのは環境として最悪なんです。「どうやって言うことをきかせてやろうか」と思う上司と、「どうやってさぼろうか」と思う部下という最悪の組み合わせが出来上がるだけです。キツく怒れば辞めたりパワハラで訴えられたりされてしまうご時世ですから、怒ってもメリットなしと思ったほうがいい。

そういう意味では、会社にオネエを一人おくといいですよね。かつて、ノーマルなのに女言葉を使うお客様がいらしたのですが、人間関係をとても円滑にまわしていましたよ。「〇〇ちゃん、最近のあなたを見ているとすごく気がかりなのよね、こんな仕事ぶりで何かあったの？」なんて話し方をすると、言いたいことがきちんと伝わります。

「ありがとう」「疲れてない？」で部下が動くなら、安いもの。サラリーマンの方も、たまには身銭を切って「美味しいコーヒー買ってあるからみんなで飲んでね」などなさってはいかがでしょうか。オネエ気分でうまく転がせば、いい循環がうまれてみんなが仕事するようになりますよ。

ちなみに、「相談に乗る」「飲みに連れていく」は、昭和の時代のいい上司。今どきのいい上司は、仕事を早く終わらせるのが第一です。たとえば「花見に行こう」より桜を買ってきてオフィスに飾る。夜に高級店に連れていくより、月に1回、ちょっといいランチを頼んであげる。そんなさりげない気遣いがポイントです。

お金は道具。足りないギリギリは神様がくれる

私はお金を汚いもの、悪いもののように扱うことに反対です。お金は従業員の生活が守れる道具だし、お客様の喜ぶものが買える、とても便利で役立つ道具だと思っております。それにたくさんあってもあの世には持っていけないですし、お金を残しても仕方ない。貯金はまったくありませんが、いい使い方をできていると自負しています。

そして不思議なことに、頑張っていると足りない分は神様がくれるんです。ただしギリ

ギリ（笑）。だいぶ前ですが、「今月末に300万万足りなくなっちゃう」というときがあったんですよ。どうしよう、どうしようと言っているうちに月末が近づいてくる。どなたかにお借りするわけにもいかないし……なんて悩んでいたら、月末にポンと入金があったんです。なんとも不思議ですよね。

その金額が、なんと305万。「足りたやろ」という神様のお顔が目に浮かぶようです。「神様、とてもありがたく頂戴いたします。でも、これが400万だったらだいぶ気が楽なんですけど」とお伝えしたんですが、そんなオマケはなし。神様はギリギリのところで帳尻合わせてくださるんです。

それがわかっているから、私はお店に投資するし、税金もきっちり払います。税金なんて、払えば払うほど運気は上がるんですよ。そもそも、稼いだお金は自分のものではなく、神様からの預かりもの。スタッフに還元して、次の事業に投資して……を繰り返す。そうやってコツコツ続けていれば、道具としてのお金は十分まわっていくのですから。

「明後日以降の予定は見ない」が、心にゆとりを生む

8つお店を経営しておりますし、週末ともなれば旅行に行きます。年間で50回は旅に出ておりますから、予定はあれこれ詰まっているほうだと思います。

そういうあわただしい毎日で心がけていることの1つが、「明日の予定までしか見ない」ということ。先の予定まで見るとつい考えてしまうし、終わりがないんですよね。ですから、明日の予定しか見ない。

そうすると、今の時間を楽しく生きることができるんです。もしも時間に余裕があるなら5分でも10分でも仮眠して、ぱっと起きて、ぱっときものを着て出かける。明快でございましょう？　楽しい、嬉しい、悲しいと一喜一憂して時間を無駄に使うより、ぱっぱと動くほうがいいんです。

人様から「さぞかし忙しいんでしょう？」なんて言われても、「とんでもないです、暇ですよ」とお返事するのが基本。「忙しい、忙しい」なんて口に出していると気ぜわしくなって、逆に仕事が進まなくなってしまいます。それに、「忙しい」は「心を亡くす」と書きますよね。「忙しい」と口にするほどに気持ちに余裕がなくなりますから、先々のことを考えすぎないこと。そのほうが、目の前のことひとつひとつを大切にできますよ。

仕事は憂鬱で当たり前。「悩んだフリ」はただのダラダラ

これはお仕事に限りませんが、私はすべてのものごとに対して「終わるまで憂鬱《ゆううつ》だな

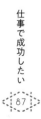

あ」という気持ちでいます。きちんとまっとうできるのか、うまくいくのか、皆様に満足していただけるのか……その日の営業が、いただいたお仕事が終わるまでずっと気がかりで、終わって初めて荷物を下ろしたような、すっきりした気持ちになります。

こうお話すると悲観論者みたいに聞こえるかもしれませんが、どんなに楽しいことにも憂鬱な側面があるのはシンプルな事実。それに、銀座でサロンをやっているなんていうと華やかに思われがちですが、仕事の8割が〝段取り〟であるのは、一般のＯＬさんとまったく変わりません。準備して、段取って、確認して本番を迎える。何かミスがあるかどうかは終わるまでわからないのですから、ちょっぴりの憂鬱を常に引きずっているわけです。

私はうつわのお店もやっているのですが、つい先日も、とある方の結婚式の引き出物をお手伝いさせていただくことになりました。お声がけをいただいてとても光栄だったのですが、出席されるのも趣味のいい方ばかりですし、目の肥えた方々に満足いただけるようなものを何百も揃えるとなると大仕事です。その晴れやかな日が終わるまで、何度も何度も繰り返し確認しましたね。その方のことを思えば思うほどありがたく、そして同時に責任の重さを感じましたから。

「この仕事をして楽しかった」と言えるのは、そのお仕事が無事に終わった瞬間だけ。仕事というのは大きくても小さくても、終わるまで常に小さな憂鬱を抱えるものなんです。そして終わった瞬間には、次の憂鬱が始まっているんですけれどね。

でも「仕事は憂鬱で当然」と思うと面白いもので、次の一歩を進めることができるようになるんです。一番いけないのは「気が重いなあ」「プレッシャーが大変」なんて言いながらその憂鬱をいじくりまわし、ダラダラと何もしないこと。悩んだフリをしてさぼっても、何も生まれませんし仕事は終わりません。誰だって努力するのは面倒ですが、どんな方の人生でもすべてはその繰り返しなんです。「憂鬱あってこその仕事」「地味な段取りが8割」と割り切るほうが、仕事はうまくいきますよ。世の中って、そういうふうにできているんです。

あることがたし。仕事は感謝尽くしで

私はサロンのスタッフに、こういった接客をしろとか、こういうふうに振る舞うべしといった教育をさほどしません。それぞれの個性もありますし、こういったお仕事で画一的に接していたらつまらないですから。

ただし、1つだけ絶対に譲れない、徹底的に叩き込むことがあります。それは「感謝」。元気に働けることに感謝、お客様がきてくださることに感謝、お仕事があることに感謝。とにかく徹底的に「感謝の気持ちを表現する」ことだけは伝えます。

極論すれば、それが心の奥底から出たものなのか、実は思っていないけれど口にしているのかは二の次（笑）。でも、まずは口に出して言うようにするんです。そうすると次第にクセになって、自然と感謝する姿勢が身につくんですよ。どのスタッフも、うちのサロンにいるうちに口癖のように「ありがとうございます」が口から出てくるようになります。半年も続ければどなたでもできるようになりますから、ぜひ練習あそばせ。

会社や人間関係、お仕事に文句を言う方は多いのですが、それって格好悪いことだと思うんです。お給料が安いのだとしたら、それが今の自分の価値です。それ以上の価値が自分にあると思うのであれば、さっさと他社を受ければいいし、転職なされればいい。お金を稼ぐというのはとても大変で尊いことなのに、皆さん「こんなにいただいて」という気持ちがなさすぎです。男性だって女性だって、30歳を過ぎたら使いづらいと言われる世の中です。まずはお仕事があるということに感謝すべきです。

もちろん仕事をしていれば、毎日小さなトラブルは絶えません。でも、私は毎日が幸せすぎて感謝しかありません。そして、そういった気持ちは周囲にも伝染し、場の雰囲気がぐんとよくなるんです。

そういう意味で「言霊《ことだま》」って本当にあるんです。日々感謝するようになると、人生は好転します。私自身もそうでしたから、これは断言できます。

うちのサロンでは、私もスタッフも、日々お互いに感謝にあふれています。その空気感が特別なようでして、いらしてくださるお客様から「この世かあの世かわからない、不思議と幸せなサロンだ」というお言葉をいただくことがあります。お互いが感謝し合う空間には、静かな幸福に満ちた空気が生まれます。ここにあること、集えることそのものが奇跡で、「あることがたし」な偶然なんです。

不満タラタラで仕事がうまくいかない方は、ぜひ一度サロンに足をお運びくださいませ。「あることがたし」に触れて、いい循環が始まりますから。

失敗は当たり前。〝その人にできること〟を探して

これは私のようにお店経営に携わっていても、会社にお勤めでも同じことと思うのですが、お仕事をしていれば毎日のように何かトラブルが生じますよね。そしてその多くは、人のミスから生じます。スタッフを抱えている方なら多かれ少なかれ、部下の動きの悪さにイラっときたり、理解してもらえないと怒ったりしたことがあるのではないでしょうか。

でも、そういったミスに対してその場で怒っても事態はまったくいい方向に進みません。怒っている時間も惜しいですから、たいていは私が対処します。怒るのはそのあとでいいんです。

それに、人は誰だって失敗します。私だって日々何かしら失敗をいたしますし、若い頃には知らなくて恥ずかしい思いをすることもしばしば（だからこそ必死で勉強するわけですが）。同じ失敗を繰り返すようなら問題ですが、初めてで間違うのは仕方ないと考えています。私はスタッフの失敗には「3度目はないからね」と伝えつつ、その失敗から学んでもらうよう促《うなが》しています。

ただ、人はなかなか変われないという側面があるのも事実です。突き放した言い方に聞こえるかもしれませんが「できない子はできない」。同じ間違いを繰り返したり、注意しても伝わらないということは珍しくありません。そういった場合に「うちの部下がダメで」なんてボヤいても事態は変わりませんから、「その人にできること」をやってもらうようにしています。

たとえば、サロンという水商売なのに人と接するのが苦手だったり、対人恐怖症に近い子っていたりします。ところがその子がお花を活けたら群を抜いて美しいとか、すごい詩を書けたりすることがあるんですよ。もちろん詩の場合はサロンではあまりニーズがないので、そのときは「その方面に進んだほうがいいんじゃない？」と助言いたしましたが。何かしら、その方に得意なものを見つけて、それを仕事にしてさしあげればいいのかなと思っています。

管理職にせよ経営者にせよ、そういった〝その人が得意を発揮できる場〟〝働きやすい場〟を作るのが仕事。ミスにいちいち目くじらたてるより、失敗を許しつつ、その方にふさわしい場を探しましょう。

本物を知ることは、仕事の役に立つ

私のサロンでは、ときどき冗談めかして「脱・財界」なんて言うことがあります。財界の方々だと有名だったりたくさん稼いでいらしたりするし、それはそれで立派だなと思います。でもサロンにいらしたらあくまでもお客様のひとり。財界の方だから、社会的地位が高いからということで扱いを変えることは一切ありません。財界人だからたくさんお金を使ってくださるわけではないし（笑）、楽しく語らうという意味ではみなさん一緒ですから。

そういった会社名や肩書きよりも、「本物は何か」を知っているほうが重要。先日も、成功された方がご自宅を建てたからとホームパーティに呼んでくださったのですが、うつわのセンスがちょっと残念な感じで……。ご自宅が素敵だったので逆に、がっかりしてしまいました。ブランドものだから、お値段が高いからと選ぶのではなく、歴史や背景、それにご自身のお立場やご自宅などに合ったものを選んでほしいなと思うんです。こんな素敵なご自宅なのに、それに見合ったうつわを選んでさしあげなかった自分を反省しました（笑）。

逆に、築50年の小さなアパートメントにお住まいでも、出してくださったお茶がしゃれた骨董のお湯のみだったりしたら、上等がわかる方だなと伝わります。そして、そういった方の周囲には、やはり本物を知る大人な方々が集まります。一見関係ないようでいて、こういった知識がビジネスにもつながるし、暮らしも豊かにしてくれるんですよ。

五島（慶太）さん（東急電鉄の創始者にして茶人。収集した茶道具や古美術を収蔵したのが五島美術館）や根津（嘉一郎）さん（政治家、実業家。同様に根津美術館）のように、成功して尊敬される財界人がこぞってお茶を嗜《たしな》むようになったのも、そういう理由があります。ゴルフで集っての〝お社交〟もいいのですが、歴史や文化を知っている方々の周りには、もっと大きなチャンスや豊かな交流があるんです。それに、お茶やお花を嗜んでいる方って、日本には500万人くらいいらっしゃるんですよ。そんなに裾野《すその》も広い世界を、せっかく日本に生まれたのに触れずにいるのはもったいないですよね。

幸いなことに、そういった本物を学ぶチャンスはどなたの周りにもあります。近所にお茶を習いに行ってもいいし、うちのようなうつわのお店にコーヒーを飲みにきて、気になることをどんどん質問なさるのもいい。本物といっても、15万の魯山人好みのお椀から600円の小皿までありますから、どなたでもリーズナブルに学ぶことができます。時間があれば美術館に行くのもいいですね。

江戸時代から、「格好いいもの」は変わっていないし、料理の基本もここ100年さほど変化していません。本物は、人でもモノでも、時間に負けない強さがあります。ビジネスで成功したい、もっとできる人になりたいと思うのであれば、日本文化の豊かさもぜひ学んでほしいですね。人脈や会話ががらりと変わってくるはずです。

稼ぎたい、出世したい。それには並々ならぬパッションと覚悟が必要

私は8店舗を経営しているせいか、商売上手と思われがちです。でも、損得は考えていなくて、ただお仕事が好きなだけ。「稼ぐ」ということが好きなんですよ。だって、皆さんが会いに来てくださって、美酒をいただいて、ありがとうと言っていただけるなんてこんなに嬉しいことはないじゃない？

もちろん皆さんに足を運んでいただくためにものすごく努力しています。リーズナブルな金額で提供させていただくこと、季節感を大切にすること、本物にこだわることなど自分の中でのルールはあります。そうやって丁寧に積み重ねてきた甲斐あって、クリュッグの売上げ本数世界一のサロンにもなりました。

ただ、この本を読んでくださっている方々が「もうちょっとリッチになれたら」「お給料上がらないかなあ」なんて漠然と思っていらっしゃるとしたら、それでは稼ぐのは無理。なぜって、本当のお金持ちや成功した方々って、いい意味でものすごくお金に執着があるんですよ。うちのサロンで飲まれるときも、「乾杯！」の代わりに「大金持ち〜！」

ってグラスを重ねていらっしゃる(笑)。日本人はお金の話を隠したがる傾向があるけれど、「はい、お金大好きです！　仕事大好きです！」ときっぱり断言できなくちゃ。それくらいのパッションと覚悟があって初めて、大きな仕事を成し遂げて稼ぐことができるんです。

そしてもう1つ、パッションと同じくらいに大事なのが「実行する」ということ。口に出したこと、やると決めたことは1つずつ必ずやり遂げるんです。とても地味に聞こえますが、この「1つ1つ大切に」というのを、どんな細かいことでも徹底するんです。「俺は儲けるんだ！」と大きな夢を持って鼻息が荒くても、その夢を現実のものにするには小さなステップを積み重ねなければなりません。

私自身「こうなりたい。そのためにこれをやる」と決めて、宣言して、口に出したことはすべて実行してきました。ひとつ間違ったら口ばっかりのペテン師になってしまうのですが(笑)、周囲の助けを借りて少しずつ実現してきました。

サロンをやったり、料亭を出したり、うつわのお店を始めたり……。少しずつ違うジャンルのお店ですが、いずれも「いつかやりたい」と思い、数年単位で形にしてきたものばかり。いずれは宿のプロデュースをしたいなとか、単身者がシンプルに住まうマンションを作ってみたらどうかしらなど、妄想はいつも膨らませているんです。

肝心なのは、諦めないこと。「頑張る」というのともちょっと違うのですが、好きな人のお洋服の袖をじーっと握っているようなイメージ（笑）。夢を捨てずに諦めずにチャンスを待っていると、ふっと巡ってくるときがあるんですよ。

仕事は有言実行あるのみ

どんなに楽しい仕事でも、決してラクではないですよね。むしろ、やり甲斐のある仕事ならそれなりの困難があって当然。そういったときこそ私は「やります！」と公言し、周囲の方々にお話をしています。そうするとやらざるをえないし、周りが助けてもくださるんですよ。

昨秋に京都に料亭をオープンさせたのですが、そこに至るまでがなかなか大変でした。いい土地があいているからと思いきって借りたのはいいものの、建物から作っていかなければならない。あれこれ悩んでいる間にもお家賃はかかりますし、私がイメージしているようなものを建てるにはいい職人さんを探すところから始めなければならない。妥協したくないと頑張っていると、どんどん予算が膨らんでいく。

基本的には天変地異が起きない限りは諦めないタイプなのですが、100歩……いいえ、103歩譲って「諦めなくちゃいけないかも」という可能性は心の隙間にありましたね。

そこで私がやったのが、お店での「1億円足らないフェア」です。恥も外聞もなく、「足りないんです!」と皆様に公言しました(笑)。「こういう料亭を京都に作りたいんですが、あと1億円足りないんですよ。夢を形にするためにお力添えをお願いいたします」と。そして、1本シャンパンを追加していただいたら「ありがとうございます、これで瓦が3枚ふけましたわ」といった具合で2年間。決して諦めず、イメージを曲げず、ひたすらに「料亭を作ります」と公言し続けたんです。

それに、そうやって皆様にお力添えいただいたら引っ込みがつかなくなりますし(笑)、「あの方にも、この方にも助けていただいたんだから頑張らなくちゃ」とエネルギーも湧いてきます。

夢や目標は、ひっそりと秘めるよりどんどん公言すること。それが、きちんと形にする秘訣です。

足し算より引き算で。いつかは田舎暮らし

やりたいことを少しずつ叶えているうちに、気づけば経営するお店は8軒に。たくさんのいいご縁をいただいているので、おかげさまでどのお店もうまくいっていて幸せだなと思います。

そうやって夢を形にしていると、たくさん稼いで豪奢《ごうしゃ》な暮らしをしていると思われることがあるのですが、まるきり逆。シンプルなワンルームに住んでいますし、20代の頃のようにあれを買いたい、これが欲しいということもありません。むしろ物欲はどんどんなくなっていますが、精神的にはとても満たされた毎日を送っています。

40代になってつくづく感じるのは、幸せって、そういったシンプルな暮らしの中にあるということ。人生は足し算ではなく、引き算なのではないでしょうか。たくさん所有するのではなく、どんどん手放していくほうが心が満たされる。ですからいずれは、田舎でシンプルな生活を送りたいと思っているんです。

春は野菜を植えて、秋は薪《まき》を割って、雨が降ったら出られないからと家で静かに本を読んで過ごす。晴耕雨読ではありませんが、いずれはそんな暮らしをと思います。寒ければ厚着をする、季節のものをいただく――そんな、自然に合わせる生活が理想ですね。都会

にいるとどうしても食べるまでのプロセスが人任せになりがちですが、いわば自給自足のような暮らしで、そのプロセスを自分の手に取り戻したいなと思っているんです。

今は私だけの人生ではないといいますか、いただいたご縁や幸せを皆様にお返しする時期。ですから都会で暮らしておりますが、ビジネスをどんどん拡大したいとか、財を成したいといった欲はまったくございません。ものを手放し、欲を手放し、いつかは田舎でシンプルに住まう。そんな夢を思い描いています。

「自分のため」の力はすぐに尽きる。人様がいてこそ成し遂げられる

私の仕事のスタイルは「がむしゃらに頑張る」というものではありません。自分があったらいいなと思うお店や欲しいものを作りたいなと言い続けて、諦めずに続けてきただけです。

ただ、これが「自分のため」だけであれば、多くの店舗を経営するようなことはなかったと思います。サロンやお店は私の夢ではありますが、私ひとりの力で作れるものではないですよね。素晴らしいお料理を作るスタッフ、お客様をもてなすスタッフはもちろんですが、経理や事務などのバックヤードを支えてくれるスタッフも欠かせません。「こんなお店を作りたいのよね」と言っていると不動産のことを教えてくれたり、足を運んでくだ

さったり、いい業者を紹介してくださったり……と、本当にたくさんの方々の力をお借りしてここまできたんです。

私自身は特別な才能なんて何もありません。けれど、こうやって助けてくださる方々に恵まれているのは私のすごい強みなんです。皆様が喜んでくれる、知恵を貸してくださる、いろんな方を紹介してくださるから、それをきちんと形にしてお返ししなければ、と思いますよね。私がこつこつと前に進む力となってくれているのは、周囲の方々なんです。漫画の『ワンピース』ではありませんが、ひとりでは頑張れない。仲間と助け合うから、大きな力を発揮できるようになるのだと思います。

インターネット社会の現代では、パソコンひとつあったらビジネスができるし、なんなら世界制服できそうな気持ちになるのもわからなくはありません。でも、基本はやはり面と向かった人間関係にある。共に力を合わせて試練を乗り越え、知恵を頂戴して、それをお返ししていくのが人間の営みだなと思うんですよ。

そしてもう1つ面白いのは、いろいろ助けてもらっている方の中には、趣味の世界で知り合った友人が多いということ。味の好みが似通っているとか、うつわが好きといった共通の趣味があると、自然と信頼し合える関係が築かれていくんですよね。そういった意味でも趣味の世界は大切ですし、本物を知っている友人が多いと自然とビジネスも上向いていくなというのが私の実感です。

Q ブラック体質な会社。思い切ってやめるべき？

今の会社に入って2年半。頑張ってはきたのですが、あまりのブラック体質にもう限界かなと思っています。残業時間が100時間を超える月も珍しくないし、休みが月1日になってしまうことも。仕事そのものは好きなのだけれど、友人に会うこともままならず恋人なんてもってのほか。知らんぷりしてる上司を訴えてやろうかと、会話もメモしたり録音したりしています。

A 「ブラック企業」と名前をつけると安心する。でも、大切なのはラベルじゃなく、あなたの気持ちでは？

頑張っている相談者さんには申し訳ないのだけれど、「ブラック企業」って名前をつけて、それで安心していないかしら？　これは何事にも当てはまるのだけれど、名前をつけると急にその事象がくっきり浮かび上がってくるし、安心するし、時に威張ることにもなったりします。

たとえば「花粉症」ひとつとっても、私が子どもの頃はそんな名前はありませんでした。それが、病名がついたとたんに堂々として、主張し始める。「ちょっと鼻水が出るな」くらいでやりすごされていたものが、診断書がついてお薬が出されて、気づけば都知事選の公約になるくらいの大問題になってしまうんです。LGBTなども、私たちゲイからすると後から名付けられて急に「権利を守れ」みたいな話になると、なんだか不思議な感じがいたします。

もちろん差別されたり不当な扱いを受けたり、いじめられるのは論外。けれど、名前をつけると急にそれが問題になったり、場合によっては威張るようになるのはおかしいと思いませんか？　たとえば職人さんの世界など、1日8時間、きっちり定時で終わらないようなお仕事はたくさんありますよね。

私が存じ上げている方々は、オンとオフの区別もなく1日中仕事のことを考えているケースが少なくありません。たとえば料理人ならお店にいる時間はもちろんですが、外で素材を吟味したりお料理をいただく時間も、季節の花に目をやるひとときもすべてが勉強になり、仕事につながっています。彼らが「一歩お店の外を出たら自分の時間だから、仕事のことは考えたくない」なんて言い出したら、あれだけのクオリティは極められないでしょう。きっちり8時間労働が幸せなのか、ひとつの分野で頭抜けた人になりたいのか、夢を形にしたいのか――仕事とどう関わるのが自分にとって幸せなのか、じっくり考えてみましょう。

要は「ブラック企業」と名づけたり「LGBTの権利」なんて言葉にとらわれないこと。それよりもあなたがどう感じているのか、どうなりたいのか、周囲とどんな関係を築きたいのかのほうがよっぽど重要です。

私の友人である、とあるゲイの子の話をしましょう。性同一障害と認められて体も戸籍も変え、今は女性として生きています。そんなバックグラウンドを理解している彼氏とめでたく結婚することになったそうです。

そのときなるほどと感心させられたのは、彼がご両親に彼女を紹介するときの方法でした。「結婚したい人がいるので会ってほしい。ただ、病院で検査をしたら、僕には彼女を妊娠させる能力がないことはわかったんだ。だから、孫は期待できないけれど、そんな僕でも結婚したいと言ってくれた、素敵な女性なんだ」と。

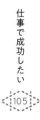

これはもちろん嘘です。けれど、ご高齢で、価値観も育ってきた環境も違うご両親に「実は彼女はもともと男性で……」と正直にぶつけるべきでしょうか？　正直に話したら嘘はないかもしれませんが、ご両親への思いやりや優しさにも欠けていますよね。「ＬＧＢＴの権利が」と振りかざす前に目の前にいる両親に優しくあろうとしたカップルの考え方は、とてもまっとうだと思うんです。

権利を主張するのもいいけれど、それが自分や周囲の幸せにつながるのか、立ち止まって考えてみましょう。会社だって慈善事業ではないのだから、スタッフが権利ばかり主張したらつぶれてしまいます。ＬＧＢＴも堂々と生きるべきですが、「孫の顔を見たい」という高齢夫婦の素朴な願いも本心ですから、否定してはいけない。思いやりや優しさを持って接するべきでしょう。

やれ「ブラック企業だ」「パワハラだ」「弱者の権利だ」と主張するより、まずは自分と周囲の方々の気持ちを大切にすること。幸せって、そんな営みの積み重ねなのです。

毎日、日本髪を結っていた頃。伏目がちが色っぽいと思っていた。

第五章

人間関係って、難しい

SHINTARO

「同じことを繰り返す」は基本。決してブレるべからず

サロンというと毎日がパーティのように思われがちですが、実際の仕事はとっても地味。そして、その地味さを、毎日の繰り返しをこそ大切にするようにしています。

私の場合でいえば、起きるのは昼前。たいていは自宅で玄米とお野菜の質素なお昼をいただき、それから近所の氏神さまにお参りをしてうつわのお店に顔を出します。各店の売り上げをチェックし、仕入れ状況を確認したら、出勤の準備。きものに着替えてお客様とお食事に行くか、お店に顔を出す。この繰り返しです。ルーティンということが大切なんですよね。

私どものようにサロンを営んだり飲食に携わったりという仕事は、いわば〝人に幸せをさしあげる仕事〟です。でも、だからこそ、浮かれすぎたり悲しみすぎたりと気分に左右されてはいけないと思っています。その日の気分や感情によって雰囲気が変わるお店で、美味しいお酒が飲めるとは思えませんから。お客様はその日によって気分が違って当然ですが、私たちはどなたがいらしても、どんな気持ちでいらしても、同じテンションで接するのが当然だと思っています。

そして、これってどんなお仕事でも同じだと思うんですよ。いつも笑っている方、怖い

顔ばかりしている方、ぶっきらぼうな方などキャラはそれぞれですが、それがブレないというのは安定した人付き合いのためにとても大切なんです。「こういうキャラが正解」なんてありませんが、ブレたらおしまいだなと思っています。

もちろん私にも感情の波はありますし、嬉しかったり腹が立ったりはありますよ。「オーナーは感情を表すべからず」なんておっしゃる方もいらっしゃいますが、それは逆。オーナーだっていつもじっと構えて、強くて弱音を吐かないなんていうのは無理です。人間ですから、そんなウソをつくのはいけません。この本を読んでくださっている方々にも、私のことを人格者だとか賢人だとか思ってはいただきたくないんです。むしろ、さまざまな感情が生じるからこそ、毎日の繰り返しを崩さず守るように心がけているんです。

スタッフにも感情をそのままぶつけるのではなく、「これに腹が立った」「嬉しかった」と、淡々と事実として伝えるようにしています。SNSでネガティブなことを言ってきたり、とんちんかんなことを言う方も即座にブロック。限られた人生なんですから人様のご機嫌をうかがっている暇はありません。

それに、こうやって「テンションを上げ下げしない」「毎日のルーティンを大切にしている」方って、安心して付き合えると思いませんか？　付き合いやすい友人やお仕事しやすい方を思い起こしてみれば、きっとそういう方が多いはずです。「繰り返しを大切にする」というと地味に聞こえますが、それくらい大切なことでもあるんですよ。

謙遜は美徳にあらず。褒められたら素直に「ありがとう」

日本人には「謙遜は美徳」という刷り込みがありますが、私は決してそうは思いません。

たとえば「今日の髪型、キレイね」なんて褒めていただいた場合、「とんでもない！私なんてぜんぜん」なんて謙遜していませんか？　でも、人様は気を使ってそうおしゃってくださっているんです。せっかく褒めたのに「そんなことないわ」なんて言われても面倒なだけですから、まずは素直に「どうもありがとうございます」と喜ぶこと。お褒めの言葉をありがたく受け取っても「あの子は調子にのってる」なんて言う方はいません。そのまま喜んでおけばいいんです。

それに、自分がどなたかを褒める場合を思い出してみればわかると思うのですが、まったく根拠なく無理やり褒めるということはないですよね。ヘアメイクを頑張っているなとか、今日の色使いはおしゃれだなとか、丁寧に字を書いているなとか、どこか〝努力のあと〟があるから褒めるんです。努力したことが伝わっている、努力を人様が見てくださっているというのはありがたく受け止めるべきですよね。

逆に私がわからないのは〝自分で自分を褒めてあげたい〟という考え方。褒めるというのは「讃《たた》える」と一緒で、他人様から良さを見つけていただくことなんです。「私の特技はこれ」とか「私のここが可愛いんです」なんて自己申告をされると、わざわざご自身でおっしゃらないと伝わらないのかなと思ってしまいますよね。

そうやって口に出して自分を鼓舞しても、世間様はそれを素敵だとか美しいとは思ってくれません。それよりも、人様から認めてもらえるような努力を。そして褒めていただいたときは素直に喜ぶことです。

死ぬまでの食事の回数が決まっているように、褒められる回数もその人ごとに決まっています。ですから、褒めていただいたらまず笑顔で「ありがとう」。心が美しくなる第一歩ですよ。

文句は、言ったら負け。ひと笑いとっておしまいに

私はスタッフにも「感謝の気持ちを伝えること」を徹底していますし、基本的に「あることがたし」で日々感謝して生きております。「ありがたいな」「心より感謝申し上げま

す」「私は恵まれている」と1日に何回も思うようにしていると、言霊といいますか、ありがたい気持ちでいっぱいになるんですよね。

ただ、だからといって文句や悪口を言わないわけではありません。違うと思うこと、不愉快だなと思ったことは気にせず言いますが、ダラダラ文句を言っても時間の無駄。文句は言うほうが損、言ったら負けと思っております。文句を言って人さまのせいにする時間があったら、自分でやればいいいんですから。

感謝するのが難しいシーンがあったら、それは笑いにしてしまえばいいんです。たとえば先日、とある集まりできものにシワが入ってしまっている方がいらしたんです。でも、京都から東京まで新幹線で駆けつけてくださったのですから、仕方ないわよねと思っていました。ところが、「あら、きものがシワになってるわよ！」とわざわざおっしゃる方がいたんですよ。

もちろんその方も親切からおっしゃっているのでしょうけれど、外出先でいきなり言われても直せるものではありませんよね。そうやって指摘されたらご本人も気にしてしまうでしょうし、皆で楽しくお食事したかったのに無粋なことをおっしゃるなあ……と感じました。

とはいえ、腹を立てたり文句を言っては場が冷えるだけです。そのとき、言われた方の切り返しが見事だったんですよ。「ええっ本当？　どうしよう、きものにシワが～」「大変、きものシワシワだわ」ってそれはしつこく、何回もおっしゃったんですよ（笑）。あんまり繰り返すものだから、指摘した方も周囲もそのたびにゲラゲラ大笑い。

無粋な一言や悪口は、言ったほうはすぐに忘れてしまいます。それは言い返してもせんないことですから、笑いにしてしまいましょう。毒はその程度あれば十分です。

「あの人なら仕方ない」。そう思ってもらえたらめっけもの！

サロンには、それはいろんな方がいらっしゃいます。華族の方から歌舞伎役者さん、政財界の著名人や芸能人の方々……。本当にありがたいことですし、日々皆様に接して楽しく過ごさせていただいています。

「そんな方がいらしたら、気を遣ってしまいそう」なんて言われるのですが、実はそんなことはないんです。私のスタンスは一緒で、著名人でも一般の方でも、お店にいらしてくださる方は同じように大切。有名な方だからと特別扱いはいたしませんから、それに納得してくださる方だけが続けていらしてくださるのでしょうね。「私はタレントだから、皆とは違う扱いにしてほしい！」なんて不満に思って足が遠のく方もいらしたのかもしれませんが、それは仕方ありません。皆様に同じように接して、同じようにいい時間を過ごしていただきたいというのが私のやり方ですから。

そして、時にはそういった方々と一緒にお写真を撮ることも撮られることもあります。とあるコンサートにご一緒したときのこと、休憩時間に出演者さんと記念写真を撮りました。そして撮影した方がコンサート終了前にその写真をSNSに上げていらして。無邪気な方で（笑）、いつもまったく確認せずに上げる方ではありませんが、感動をすぐに共有したかったのかもしれません。そのときは驚きましたが、あの場でいちいち確認されたらしらけてしまったかもしれません。

私がこれは参考にしたい、と思ったのが、「あの人なら仕方ない」と受け入れていただくという方法。もちろん空気は読まなければなりませんが、「この間の写真をインスタに上げちゃったのね。仕方ないなあ」と目をつぶっていただけるくらいの関係だととてもラクだと思います。人目を気にして、誰かがネガティブなことを言うのを気にして振る舞っていたらきりがありません。たとえばインスタにあげた写真が問題になったら、「ごめんなさい」と素直に謝って消せばいいのではないでしょうか。

私も何事もそんな調子で、周囲にほどほどに諦めていただきながらなんとかやっておりま す。「あの人ならヤバいよね」と言われるようでしたら問題ですが、ちょっと痛いけれど温かく見守りましょう、くらいの温度感なら大丈夫。何より自分がとてもラクになります。

コツは「無邪気に徹する」ということ。愛があれば、そして悪意がなければ、たいていのことは皆さん大目に見てくださいます。SNS全盛の現代にあっては神経質になりがちですが、結局は人と人の関係ですから、愛があることが伝わっていれば大丈夫。

丁寧で正しくてつまらない関係より、無邪気で楽しくて、そして愛のある関係を築くこと。

私たちの毎日はSNSではなく、実際にお会いする皆さんとの間に築かれるのですから。

地獄はひとりで見るから美しい。不幸は飲み込んで

この本でもいくつか、ご相談に対する私なりの意見をお伝えさせていただいています。ただ、それはあくまでも参考のひとつとしての意見。結局は相談者さんが自分でお決めになるしかありません。日常のささいな愚痴を友人とこぼしあってスッキリするくらいならいいのですが、大きな不幸は第三者が聞いたところでどうにかしてさしあげられるものではないんです。たとえば親御さんが亡くなったとか、ご主人が病気になったとか言われても、それを聞いたからといって事態が変わるわけではありませんよね。ただ悲しいだけ。

不幸を相談しても、誰も幸せにはならないんです。

また、悲しいできごとを人に相談したときに「大丈夫だよ〜」なんて言われても困りますよね。大丈夫ではないから相談しているのに、人からみれば所詮は他人ごと。その場では心配するようなことを言ってくれても、帰ってしまえばきれいさっぱり忘れてしまいます。そういう意味で相談は時間の無駄ですし、私はいつも「不幸は自分で飲み込むもの」と思っています。


ちなみに、私のサロンにはアーティストや芸能関係の方々、経営者などもたくさんいらしてくださいますから、中には想像もつかないくらい波乱万丈の人生を過ごしていらした方も。私たち一般人が経験したら、辛さのあまりきっと死んでしまうのではと思うような激動の中を生きていらした方もたくさんいらっしゃいます。私が大好きな方の中でいえば、インドネシアにわたって大統領夫人となったのに、クーデターで海外に逃亡したデヴィ夫人などはまさにそんな人生。人ひとりではどうにもできない歴史のうねりの中を生きていらして、それはそれは大変な時期を乗り切っていらっしゃいました。だからこそ、今とても幸せでいらっしゃるのでしょうね。

事業でいちどは失敗し、再興なさったとある方は「地獄はひとりで見るから美しい」と笑っていらっしゃいました。人に話すような不幸は本当の不幸ではなくただの愚痴です。そして、本当の不幸は人に話して乗り切れるようなものでもない。不幸を飲み込んで、前に進むような凜とした人間でありたいですよね。

人で生じるストレスは、人で解消を

生きていれば、どうしてもストレスはつきものです。特に人と人の関係にはいろいろ難しいところがございますから、腹立つことは多々ありますよね。

ただ、それに一喜一憂しないよう、その感情に振り回されないようにとは思います。「怒ればスッキリする」なんておっしゃる方もいますが、それはその場限りのこと。何か腹立つことがあったときに、どんなに怒っても暴れても、拝んでもその気持ちが消えるわけではないですよね。そういう意味では救いなんてない。自分で自分を救うしかないわけです。そう思うようになってから、一喜一憂しないようになりましたね。

そして、「人のストレスは人で解消する」を心がけるようになりました。たとえば悪食《あくじき》して体を壊したら、質のいいものを食べて健康を取り戻すのが近道ですよね。それと同じで、意地悪な人、腹立つ人がいたら優しい人に接して癒されるのがベスト。「こんなことされたのよ」なんて言いながら人様に聞いていただければ、怒りがなくなることがなくても癒されます。

もちろん、お仕事をしているとスタッフに対して腹を立てることもあります。でも、最近はがっかりこそしても、怒ることはございません。呆れたりがっかりしたことは伝えますが、あとは寝て忘れてしまう。とても単純なんです。

そうやって心を常に平静に保って、いつも同じところに置いておくこと。それってとても幸せなことなんですよ。最近は怒っている人を見ると疲れてしまうほど。自分が幸せになるために生まれてきたのに、自分の周りの出来事や人に腹を立てるなんてもったいないですよね。そういう心がけで生きていきますと、人生ってまったく違ってきますよ。

好き嫌いは、「思い込み」か「同族嫌悪」

お仕事柄、毎日たくさんの方に接しています。そんな私ですが、もちろん人の好き嫌いはございます。皆さんも「この先輩は苦手」とか「取引先のあの人が嫌い」なんて感じて日々苦労をされているのでは？

でも、そういった好き嫌いを突き詰めてみると、案外面白い事実にぶちあたります。それは「嫌いな人は自分に似ている」ということ。同族嫌悪のような側面があるんですよ。

たとえば私は、やり手のゲイバーのママが苦手だなあと思っていたのですが、よくよく考えたら自分に似ているんですよね。いいところも悪いところも自分に通じるから、自分を見ているようで歯がゆくて苦手意識が芽生《めば》える。「なんだ、自分みたいだから苦手なんだ」と気づいた瞬間から少し気持ちが楽になりましたね。

そして、嫌いだなとか苦手だと思う相手の前でこそ、仕事や勉強などなすべきことを一生懸命に頑張ること。そうやって懸命な人には、他人は意地悪しません。子どものケンカならいざ知らず、大人になってからの仕事の場や人づきあいで、いつまでも意地悪が続くということはないんですよ。

ただし1つだけ、サイコパスのような方にはご注意を。どなたの周りにも1人2人はいると思うのですが、こういった方に対処する正解はありません。世の中にはなぜだか、自分勝手に生きたり悪事を働いているのに地獄に落ちない人がいるんです。

こういった方を反省させたり、改心させたりする手段はありません。「魔界の生き物」だと思って近づかないこと、嫌われないこと。好かれる必要なんてまったくありませんし、悪く言われるのも当たり前と覚悟しましょう。そして、だからこそ会ったらにっこりして距離を保つこと。遠くからそっと、感じよくしておくことがポイントです。

もしもそんなサイコパスが直属の上司だったり隣の席の同僚だったり、はたまたママ友だったりしたら――私なら、命に関わりますから迷わず逃げます。

ただの苦手な人と、常識の通じない魔界の生き物はきちんと見極め、自分の身を守りましょう。

生きる世界は決まっている。不幸を自分で呼んでいない？

〝すべては気のせい〟がポリシーの私ですが、だからといって〝気〟に意味がないとは思っていません。そういった〝気〟が自分の住む世界を決めてしまう可能性がある。ポジティブでいると幸福が舞い込むことを「引き寄せの法則」なんて言うようですが、逆もまた然り。その方が生きる世界って、ご自身で作り出し、引き寄せている側面があるんです。ここではそんなお話を、DVという怖い例をひきあいにいたしましょう。

第二章でもふれましたが、誰かを好きとかフラれて悲しいといった恋愛沙汰は、すべて気のせい。それらを悩む必要はありませんが、叩いてくる彼氏や旦那は現実です。

DVの被害にあう女性って、「でも本当は彼って優しいの」と必ず擁護《ようご》なさるんです。けれど、「本当は優しい」とか「彼からは逃げられない」という思い込みこそが〝気のせい〟。殴ってくる、蹴ってくる彼が優しいわけはありません。逃げられない、付き合いをやめられないと思う〝気のせい〟に早く気づいて、一刻も早く別れるべきですよね。

ただ、何度もＤＶ被害にあってしまうという方は、ご自身がそういう暴力を引き出している可能性があるんです。どこにでも暴力を振るう人やわけのわからないストーカー気質の人はいますから、すべてとはいいません。ただ、何度もＤＶ男を引き当ててしまう方は、ご自身がＤＶを呼んでいるのかもしれない。

たとえば、何度もしつこく「いいの？」なんて聞く。繰り返し聞くからイラッとして、本来だったら暴力を振るわないタイプの男性まで手を上げてしまう。「私なんて」と健気《けなげ》すぎるから、相手が増長してしまう。被害を受けている方には酷に聞こえるかもしれませんが、そういった自分の振る舞いがＤＶを招いている可能性があります。そういうケースを見聞きするたび、生きる世界は決まっていると思わずにいられないんです。

幸福の連鎖を生むのも、不幸のスパイラルにハマるのも、その方次第。〝気のせい〟で決まりますから、いい気を持って生きていきたいですね。

他人は悪意も好意もない。そもそも見ていないのだから

仕事柄、毎日のようにきものを着るしメイクもいたします。ただ、私の場合は「世間様にご迷惑がかからないように」というのが基本。きちんとしておくほうが悪目立ちしないなと思っているだけで、「メイクした私はキレイだから見て！」とか「このきものを着ていると愛される」なんてことはございません。それに、以前の私はアトピーがあって使える化粧品も限られていましたので、ほぼ一年中ずっと同じメイクでした。基本に忠実に生きているだけなんです。

面白いもので、そうやってずっと同じメイクをしていても、人様から「また同じメイクね」と指摘されたことはありません。そもそも、人ってそんなに他人のメイクや服を見ていないんですよ。見られていると思うのは自意識過剰だし、褒めていただいたとしたらご挨拶みたいなもの。

もしもファッションやメイクで注目を浴びているとしたら、それは突拍子もないから。もちろんタレントさんやファッション関係のお仕事でもなさっている方ならそれくらい目立つ必要はあるでしょう。でも、それ以外の方が注目を集めてしまうのだとしたら考えものの。周囲からは迷惑くらいにしか思われていません。

〝逃げるが勝ち〟はある意味真実。戦うべからず！

「戦う」はすべてダメだというのが私のポリシー。というより、私にはなぜ皆さんがさまざまな場面で戦うのかわかりません。もちろん人と人の関係には誤解やトラブルがつきものですから、そういったときに話し合いは必要です。でも、相手を負かしてやろうとか自分が優位に立とうとか、鬱憤《うっぷん》を晴らしたいと思う人が多すぎるように思います。

たとえば昨今は、親御さんが先生と戦いますよね。学校でいじめられたり先生の対応が納得いかなかったりと事情はおありと思いますが、戦ったらいじめっ子が天使のようになったり、先生がいきなり人格者になるわけではありませんよね。トラブルが深刻なら戦ったりせず、さっさと逃げればいいんです。

逃げるのはちっとも悪いことではありません。いたずらに傷ついたり消耗するより、自分に合わない環境には別れを告げ、新しい環境で前向きに生きるほうがよっぽど建設的ではないでしょうか。これって、勉強よりももっと大切な、「自分を守る知恵」なんです。

子どもだけではありません。お仕事をしていれば理不尽な上司やクライアントに振り回されることもあるでしょうし、恋愛や結婚の相手が暴力をふるうことだってあるでしょう。そういった環境を改善する努力は立派ですが、辛くて自分が壊れてしまうと思うのであれば逃げるが勝ちです。

弁護士さんなどを入れて、きちんと話し合って……というのも1つの方法ではありますが、弁護士さんだっていろんな能力の方がいますよね。ベストな方法を提示し、うまく進めてくれる方ばかりとは限りません。そんなことにエネルギーやお金を費やすより、新たな環境に飛び込むほうがよいのではないでしょうか。

昨今は、子どもの虐待のとても悲しいニュースもたびたび目にします。そんな親からは逃げてもいい、それを学校が理解してくれないならシェルターに飛び込んでもいい、通りすがりの人に助けを求めてもいい。子どもも大人も、辛いときに「逃げ」が許されるような社会であってほしいなと思います。

仕事で日々接する人が苦手。うまい対処法は？

仕事で同じチームにいるメンバーに、すごく苦手な人がいます。確かにテキパキしている彼女からみると私はのんびりして見えるのかもしれませんが、事務的な部分を詰めたり書類を作成したりと、細かい作業を進めているのは私という自負もあります。派手な部分をぱっとさらってさも「自分がやった」「自分が偉い」というふうに振る舞われたり、時に意地悪を言われたりするとすごくイライラしちゃう。対抗するか、せめてさらりと流すコツを知りたいです！

意地悪を言う人はどこにでもいる。大切なのは、一喜一憂せず心の平和を保つこと。

私は昨年秋に、京都に新しく料亭をオープンさせました。縁あって五条河原町の一等地をお借りすることができ、とてもいいスタートをきらせていただいています。

ただ、京都という場所柄、いろいろおっしゃる方がいらしたのは事実です。たとえば「あそこは12年前まで遊郭があったから、方位や磁場が悪いし、行かれへんわ」とかね。「お店、どうえ?」なんてあちらが聞くからお返事したのに、いきなり往復ビンタをくらったようなもの（笑）。確かに遊郭はあったのだけれど、そんなのはここ100年の話。1200年前には、四町四方もある源融《みなもとのとおる》（光源氏のモデル）の邸宅がある、それは雅《みやび》な場所だったのよ。こちらは1000年、2000年という大きな時の流れでお話しているのに、50年、100年の単位でものをおっしゃるのだから、笑ってしまいます。

でも、そんなときにムキになって反論しても仕方ないでしょう? ですから「この街にはずいぶんお力添えいただきましたけれど、意地悪な方もたくさんいらっしゃいましたからひっそりオープンさせました」とだけお答えしておきました。だって、どこにだって意地悪を言う人はいるのですから、勝手に言わせておけばいいんです。それに私がやりたいのは料亭であって、その方をぎゃふんと言わせるために時間やエネルギーをさくなんてもったいない。さらっと聞き流して、自分がやりたいことをまっとうするほうがよっぽど大切ですから。

とはいえ、こういった人間関係の不満はみなさん必ずおありですよね。人と関わっていれば、多かれ少なかれ意見の食い違いは生じるし、足を引っ張ろうとする方もいます。

そういったお話をうかがうたびに私がお伝えするのは、「怒ったり泣いたりするのは疲れますよ」ということ。しょせんは他人なのだから、自分と意見や価値観が合うことは絶対にありません。でも、その都度反応していては自分が消耗するだけ。それよりも、自分がやりたいこと、すべきことに邁進《まいしん》するほうがよっぽどオトクですよね。

ガヤガヤと外から口を出されたらそりゃ不愉快ですが、それで心がざわついたり、一喜一憂したりするのはもったいない。そういった感情に振り回されて自分を見失うなんてもったいない。

それからもう1つ、こういう方をサラリと受け流しているとその姿勢を周囲は必ず評価してくれます。意地悪を言う方のこともだいたい見ていて、だいぶ年月が経った頃に「あの方、あんな意地悪言っていたけれど、人としてスケールが小さいわよね」なんて耳に入ってくるんです。意地悪を言わせておけば相手の評価はどんどん下がるし、こちらは相対的に上がっていく。これって最大の仕返しですよね（笑）。

場合によっては数年単位で時間がかかりますが、受け流して、自分がお仕事を淡々とこなしていれば自然と仕返しできるんです。私だって言われたことを忘れられるわけではありませんが、「我慢はしない。仕返しは20年越し」と信じているので目の前のことに邁進できています。どうぞ心を平穏に保って、ご自身のすべきことを成してください。

母を好きになれない私って、子どもでしょうか。

私は昔から母と折り合いが悪く、正月くらいしか会わない関係です。仲良しの母娘を見ると羨ましいなと思うし、大人になったらそのうち母を許せるようになるのかもと思っていたのですが、27歳になった今も変わらないまま。「社会人になったのだから、お返しくらいすべきだ」と母は私を責めるのですが、こんな私が子どもなんでしょうか。

あなたが自分を好きになるために、お母さんの何が嫌なのか見つめて。

「私は子どもかしら?」とこの相談者さんは悩んでいらっしゃいますが、とんでもない。「毎日感謝して生きるべき」が基本ではありますが、身内でも信用ならない大変な人もときどきいますよね。そういう人に無理に優しくしろとは思いません。そんな親にお金をあげるくらいなら、野良猫に餌をあげるほうがよっぽど世の中のためになります。

もちろん、人に優しくすることってすごく大切です。「人に優しく接していると、人からも優しく接してもらえる」という因果応報的な側面もありますし、そうしているほうが心地よく過ごせますから。

ただ、この方の場合、無理にお母様に優しく接しようとするとご自身が傷ついてしまいますよね。それって結局、自分を大事にできない、自分を犠牲にしてしまうということ。それでは心と体が病んでしまいますから、無理に優しくする必要はありません。また、優しくできない自分を責めることもないと思います。

その上で、もう27歳と立派な大人でいらっしゃるから、ぜひお母様の何が嫌いなのかは考えてみましょう。こういった親子関係で感情がもつれる場合に、往々にしてあるのは〝同族嫌悪〟。「お母さんのここが好きじゃない」という部分が、自分のコンプレックスと重なっていることが少なくないんです。

もし、「お母さんが好きじゃない」と「自分が好きじゃない」が通じているのであれば、これは堂々巡り。相談者さんが自分を好きになるためにも、「ちょっとお母さんいいかしら」と抱えていた気持ちを伝え、話し合ってみるのをおすすめします。

意外に思われるかもしれませんが、人って案外変わります。私のサロンは「慎太郎ヨットスクール」なんて呼ばれることもあるくらいに厳しいのですが、入った子たちは驚くほど変わります。「お金をいただいて学ばせてもらって」と、みんなどんどんポジティブになっていくんですよ。60歳だろうが80歳だろうが、きちんと向き合って接していけば、人は変わりうるんです。

この相談者さんも、いきなり「お母さんを好きになろう」なんて思わず、まずは話し合うことから始めてみましょう。嫌なことがあるからと話し合い、きちんと向き合うのも立派な優しさです。「ここがちょっと違うのだけれど、どう思う?」と寄り添う愛を、まずあなたから始めてみては? ご自身もお母様も、少しずつ変わると思いますよ。

うつわ、料理、風景。美しいものに満ちたinstagram

第六章
迷いのないシンプルな生活をしたい

SHINTARO

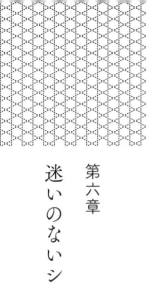

大人になったら、「始末がいい暮らし」を

たとえば大根を1本買ったら、あなたはどう使いますか？　ピリ辛の大根おろしを楽しみたいなら先端のほうを。皮は細く刻んできんぴらに、葉っぱはお味噌汁の具に。おでんや煮物にするなら根本の太くて甘い部分を使いますよね。こうやって大切にいただく、それぞれの良さを生かしきって無駄にしないという工夫――いわゆる「始末のいい暮らし」は、ものがあふれる現代だからこそ意識したいなと思うんです。

たとえばお洋服ひとつでも、ファストファッションをどんどん着倒して捨てていくというのが現代のスタイル。でも、ちょっと昔なら母親のきものを受け継いで着るのが当たり前でしたし、100年200年も着るものがあったんです。打ち掛けなどは現代の価格にすれば数千万円クラスになりますが、蔵にしまって結婚式のときに着て……と、代々受け継がれて残っているものがあります。

私たち庶民がファストファッションを消費している一方で、美智子さまなど雲の上の方はとても大切にお洋服をお召しです。たとえば同じお洋服を、マントをつけたりとったりしてアレンジなさったり、同じきものを帯や半襟でアレンジなさったり。

今は粗悪なものを作るメーカーも増えているからなかなか難しいのもわかりますが、い

いものを大事に着る姿勢は学びたいし、実はそのほうがリーズナブルでおしゃれだと思うんです。

安いものをどんどん消費するのか、いいものを大切にいただいたり着ていくのか。これからの時代は、確実に後者だと私は思っています。

ムダに笑わないこと。ダメ男が寄ってきます

笑顔は気持ちいいものですが、時と場合によります。なぜだか最近の子は「いつもニヤニヤ」が多いし、愛想がいいほうが敵を作りにくいという側面はあるかもしれません。でもその分、本心で語れる友人なんて作りにくくなりますし、「嫌がってないから」とダメ男が寄ってきてしまったり。笑顔って、ほどほどに留めるほうが実はいいんです。

私なんて基本は無表情。ウソ笑いは疲れますし、シワが増えるからお愛想笑いもしたくない。本当に楽しいときは笑うし、怒っていればすぐ顔に出る。「慎太郎はわかりやすいわね」なんて言われるんですが、それくらいシンプルでいいんです。わかりにくいと、周囲から大切にしてもらえませんから。

でも、今の若い子の中には、笑いのスイッチがちょっとおかしくなっている方がちらほらいます。ファーストフード店のスマイルみたいにずっとニコニコするクセがついてい

る。それでは、周囲に真意が伝わりませんよね。

特にまずいなと思うのは、笑いながら喋るというクセ。これがしみついていると、怒られたときも笑いながら「スミマセン」って謝るようになってしまうんです。漫才のネタみたいでしょ（笑）。本心がわからないし、ニヤニヤしているようにしか見えないから、周囲の人が真面目にとりあってくれなくなる。「何がおかしいの？」と聞くと「何もおかしくないです」と笑いながら返事をするものだから、その子ときちんと話そうという気がなくなってしまいます。

笑顔をムダに振りまくのは、自分のためになりません。普段は慇懃《いんぎん》無礼《ぶれい》に、クールに振る舞うくらいがちょうどいい。笑顔のインフレを起こさないよう、くれぐれもご注意あそばせ。

「カワイイ」は残酷な言葉と心して

もしあなたが10代の女の子ならいいのですが、二十歳を超えた大人の女性だったら注意してほしい言葉があります。それは「カワイイ」です。

「カワイイ」と言われたら、褒められているように感じますか？　これって実は褒め言葉でもなんでもなく、面倒くさいときに使う言葉なんです。ちょっと考えてみましょう。

たとえばパグでもブタでも「カワイイ」と言われることがありますよね。場合によってはおじさんやおじいさんでも「カワイイ」。小さかったり弱かったり、愛嬌があれば、なんでも「カワイイ」で済まされちゃうんです。しかも、語源として「カワイイ」は「かわいそう」に由来しているという説もありますよね。そんな言葉で形容されたら、女性としては「まずいかも」と焦るくらいでちょうどいい。

今はなんでもありですから、「カワイく」装っている芸能人も多いですよね。女性はもちろんですが、お笑いの方、あるいは男性でもキュートで愛嬌たっぷりでメイクされている方が珍しくない。でもこういった方が注目を集めているのは〝怖いもの見たさ〟な側面があって、決して褒められたり尊敬されたり、憧れられたりしているわけではないですよね。厳しい言い方をすれば、容姿を褒めにくいとき、感情を込めずに使われているときが多い言葉なんです。

私が素敵な女性にお会いしたときは、「華やか」という形容をいたします。派手という意味ではなく、華がある女性は着飾っていなくても、極端な話、裸でも華やかなんです。年齢とは関係なく、オーラを放つ素敵な方には「カワイイ」なんて表現はそぐわない。

それともう1つ、魅力溢れる方はよくものをご存知だったり、会話の引き出しが多くていらっしゃいますよね。そういった知識や教養、経験値は年齢を重ねるほどに厚みを増しますし、男女問わず人を惹きつける。私自身も、そういった「中身を褒められる人」でありたいなと思っています。

専業主婦も立派なお仕事！　閉塞感をもたないで

今は働く女性が増えているとはいえ、専業主婦も立派なお仕事ですよね。お嫁にいって、家庭を切り盛りして、というのはとても男性にはできない芸当です。毎月生理もあるし、守らなければいけないものも多いし、本当に女性は大変だと思います。「ただの専業主婦です」なんて卑下したり閉塞感をもつことなく、楽しみつつまっとうされればいいんです。

ただ、避けていただきたいのは、主婦で集まって悪口大会をして、ダラダラと時間を過ごすような生き方。そんなのもったいないですよね。特にいまどきは老後も長いですし男性のほうが先に亡くなる場合も多いんですから、ひとりでできる趣味を見つけていただくほうがいい。60歳から大学にいったっていいですし、うつわを眺めながらケーキを手作りするのでもいい。豊かな時間を過ごすための努力を、有意義に時間を過ごす工夫をすべきですよね。

女性の生命力ってすごいなと思うのですが、ご主人が先に亡くなったら急にキレイになったり、「今、本当に幸せなの」なんておっしゃったりする。男性は連れ合いに先立たれると後を追うように亡くなったりしますが、女性は逆なんですよね。考えてみれば、戦国時代からこちらの武将がなくなったら、そのお嫁さんがあちらの武将の妻になって……なんてことがありましたよね。男性は付き合った女性のことをずっと覚えていますが、女性は前の彼氏の名前も忘れてしまう。それだけ生命力があり、タフで強い女性たちが、文化を広め、伝えてきたんです。

どうぞ専業主婦の方々もその時間を満喫し、豊かに暮らしてください。

神様＝オネエ。毎日のご機嫌うかがいをお忘れなく

私は「あることがたし」の精神で生きておりますので、毎日のお参りは絶対に欠かさないようにしています。雨が降ろうが槍が降ろうが毎日必ず行きますし、海外にいるときはその地の教会に足を運びます。神様という大きな意味では、国や宗教の別はないと思っておりますので。

そうやって神社に足を運んでいると、いいことがたくさんあります。「ありがとうございます」と毎日手を合わせることで、自分がいま健康でいられること、ご飯が食べられて

いることへの感謝の念が生じます。この平穏無事な日々は当たり前のものじゃない、というシンプルで絶対的な事実を確認できるんです。

そしてもう1つ、お参りをしていると、何かトラブルがあったときに自分が落ち着いていられるという大きなメリットがあります。仕事で問題が生じても「私なら乗り越えられると思って神様が用意してくれた」と思えますし、「健康でいられるのだから、こんなトラブルは小さいこと」という気持ちになります。

それに、天皇陛下も、毎日国民のために祈ってくださっているんです。私たちのような庶民こそ、毎日お参りをすべきですよね。

ここでいくつか、お参りのポイントをお伝えしましょう。二礼二拍手で、お賽銭《さいせん》は30円。「本日は○年、○月×日でございます」と日付とともに、自分がどこからまいりましたと住所を伝えます。それもマンション名まできちんと述べ、その後でフルネームと「毎日ありがとうございます」という御礼を申し上げます。かつて私に教えてくださった方は「名前を伝えてから、あることがたし（平安時代のありがとうの最上級）を300回繰り返すように」と言っていました。300回繰り返すかどうかはご判断に委《ゆだ》ねますが、それくらいの気持ちを込めてお礼をお伝えしなくちゃいけない、ということなんです。

ポイントは「困ったから助けてください」「どこそこに受かりますように」などとお願いごとをしないということ。あくまでもご挨拶とお礼の場なんです。

これは私が勝手にもっているイメージなんですが、神様はオネエなのではないかしらと思うんですよ。「あー、忙しいわあ」なんて言っている神様のところにうかがうのですから、いきなりピンポンダッシュするように鈴を鳴らすと気分を害してしまいます。まずは礼儀正しくノックする意味で二礼二拍手するわけです。そこで「なあに？」と神様が扉をあけてくださるけれど、時空を超えた存在ですからまずは本日の日付をお伝えする。そして、名前と「あることがたし」を唱えて「いつもありがとうございます」という気持ちを伝えられたら、神様だって悪い気はしないでしょ？「あら今日は１０００円も入れてくれたの？悪いわねえ」なんて思われて、何かしてあげなくちゃねと思うわけ。ですからお願いごとはせず、ただただありがとうございますと、あることがたしとお伝えすればいいんです。

そもそも「あることがたし」は、平安時代に「ただ在ることは当たり前じゃない＝あることは難しい」から生まれた言葉です。健康で、仕事があって、ご飯が食べられてという日々の幸せは当たり前ではなく、奇跡みたいなもの。何事もない毎日に感謝して、お参りでその気持ちをお伝えするのは、とても大切だし自分のためになると思いますよ。

空を見る、木々を眺める。そこに人生の縮図がある

毎日あわただしく過ごしているように思われがちですが、私は案外ぼんやりしていることも多いんです。たとえば空を眺めたり、木々の変化を感じたり。もちろん皆さんも「あ、夕焼けだ」などとチラッとご覧になることはあると思うのですが、たいして眺めていないんです。3分もぼうっと空を眺めることなんて、おそらくないのでは？

でも、そうやってうつろう自然を眺めていると心洗われますし、「人も自然の一部である」というシンプルな事実をひしひしと感じます。毎日それとなく眺めていると、植物ってみるみる大きくなっていくんですよ。春に芽吹いたと思ったら勢いよく緑が生い茂り、かと思うと秋になって一斉に葉を落とす。まるで人間みたいじゃございませんか？

植物や動物でも、人間でも、会社でも、すべて一緒。生まれて、成長して、そしてなくなっていくんです。前にも言いましたが、会社だってできて3年以内にその8割がつぶれていくんです。私たちはひたすら、なくなるものを作っている。その営みはどんな生き物でも同じなんだなあと思います。

そして、なくなってしまうからこそ、自然は素晴らしいし美しい。お猪口《ちょこ》にちょっと活けた苔でも、アスファルトの間から生えているお花でも、すべて等しく美しく感じられます。日々眺めていると自分の悩みなどささやかで吹き飛んでしまうよう。通勤の途中などに、目を向けてみてはいかがですか？

歴史を知ると面白いのは、骨董でもファッションでも一緒

骨董やうつわって難しいと思われている方に、学んできた知識をお伝えする。それが私の役目のひとつと思ってお話ししたり、こうやって本を書かせていただいたりしております。

ただ、うつわを学ぶ上ではある程度歴史を知る必要があります。それを面倒と感じられる方によく例えとしてお話しするのが、「うつわもファッションも同じですよ」ということ。たとえばおしゃれな方を見ていると、服飾の歴史をきちんとご存知ですよね。たとえば60年代が憧れだとか、今日は80年代をイメージしてみたとか、時代や流れをきちんとおさえていらっしゃる。ファストファッションを着るにしても、ちょっとヴィンテージを入れたりして自分のおしゃれになさっていますよね。歴史を知るとおしゃれがぐんと楽しく、深みのあるものになるんです。

うつわでも同じこと。たとえば古染付《こそめつけ》という、千利休のお弟子さんが中国の明《みん》の時代に景徳鎮へ注文したものがございます。これがとても美しいので江戸時代に日本の有田でも真似されまして、いまだに同じ柄のものがあるんです。こんなことを知っていると「このうつわは明の時代の写しだな」などとわかってどんどん楽しくなるんです。

こういった知識を得たいと思ったらいろいろ見て、買って失敗するのが近道です。私も20年くらい試行錯誤して、たくさん失敗もいたしました。ただ、お若い方があまりお金を使うわけにもいかないと思うので、まずは国立博物館（上野）に行かれることをおすすめします。茶道具や仏教美術、それに尾形乾山《おがたけんざん》や野々村仁清《ののむらにんせい》など、江戸時代の大作が当たり前のように置かれているので、とても楽しいですよ。

そうやってハマっていくと、私のように、お皿1枚があれば3時間お酒を飲めちゃうようになります（笑）。「こうやってシミが広がっていくのがいいよね」なんて愛でながら飲めるのは、最高に幸せですよ。

面倒くさいのは当たり前。でも、「ヒマ」と「ゆったり」は区別して

すでにお話したように、私は「ヒマ」が大嫌い。人間、ヒマだとロクなことを考えないし、忙しくしているほうがいいと思っています。ですからお仕事で忙しいのはもちろんで

すが、頼まれごとなども基本的には「私でお役に立てるなら」とお受けして予定にどんどん入れるほう。いちいち「疲れるから」「面倒だ」なんて思っていたら、きりがありません。お仕事や人づきあいだけでなく、極論すれば食事だってお風呂だって面倒。生きていくって本当に面倒ですし、人間って生来が面倒くさがりにできているんだと思います。

だからこそ「面倒くさがりな自分」を否定はしないこと。面倒だけどやるしかない、と重い腰を上げればいいだけなんです。

ただ、それと「ゆったり過ごす時間」は別ものです。寝る間を削って仕事をすれば後々に響きますし、食事の時間を短縮し、エサを食べるようになってしまうのも本末転倒ですよね。一杯のお茶をいただく時間、好きな方と食事を楽しむ時間、ちょっと本を読む時間などは大好き。ダラダラと長い必要はありませんが、ゆったりすごす時間は大切にしています。

「美容の常識」って何？　自分の体の声を大切に

女性なら、程度の差はあれだれもが「キレイになりたい」と思っているのではないでしょうか。美しく装うのは楽しいし、美人のほうが人生のいろんな局面で得をするようにも思えるし。私も20代の頃は化粧品やエステにお金をつぎこんだことがあるから、その気持ちはよくわかります。

そういった女性の気持ちを汲《く》むように——そして、ある意味利用するように——化粧品やエステサロン、美容雑誌や美容サイトなどがたくさんあふれているわけです。あの成分がいい、このメソッドが最新だ、とキラキラ訴えかけてくるし、それは魅力的なパッケージだったりする。でも、それと同じくらいに、まだ効果がはっきり定まっていないものもありますよね。

ですから、あふれている美容の情報を参考にするのはいいのだけれど、踊らされてしまわないようにくれぐれもご注意を。情報にふれればふれるほど、人間は焦ってしまいます。「エステにいかなくちゃ」「あの化粧品を買わないと」と〝義務〟になってしまった美容は、本当にあなたのキレイに貢献してくれているのでしょうか？　いわば強迫観念のように「せねばならぬ」と頑張っている美容で、あなたは本当にキレイになっているのでしょうか？

たとえば「メイクを落とさないで寝ると、1歳老《ふ》ける」なんて説がありますよね。もしそれが本当だとしたら、私なんて今頃300歳くらいになっています。なぜって、週に1回くらいはメイクを落とさないで寝ていますから。

疲れて帰宅してふっと睡魔が訪れたら、私はすかさず眠ります。頑張ってクレンジングしたりお風呂に入ったりすると目が覚めてしまうし、それでは眠りの質も悪くなってしまう。それより、まずは眠ること。一晩くらいメイクを落とさないで眠ったって、それで老けたことはありません。どんな高級クリームも、良質な睡眠という〝内からの美容〟には敵わないんです。ぐっすり眠って翌朝メイクを落とせば、それで充分。

無理はしないこと、常識や定説に振り回されないこと、自分の心地よさを最優先すること。実際に、そうやって年齢を重ねてきた女性たちはとても素敵ですよ。

仕事に家事、育児……。気ぜわしい毎日でクタクタです

毎日、予定や、やらなければならないことに追われている気がして落ちつきません。何かをしているときも次はこれ、あれもやらないとと思ってしまいます。ゆったり過ごすにはどうしたらいいのでしょうか。

予定の確認は、前日でよし。「1杯のお茶」をじっくり味わうひとときを

皆さんいつも「忙しい、忙しい」とおっしゃるけれど、実際のところどうなのでしょ

うか。「先の予定を考える」あまりに気持ちがいっぱいになってしまっている人が少なくないように思います。

たとえば「ランチでもしない？」なんてお誘いすると、「ちょっと忙しいのよ、ほら、来週子どもの運動会だから、いろいろ大変で」なんておっしゃる方がいます。イベントを控えていると気ぜわしくなるのは理解できますが、ちょっと冷静になって。運動会は一週間毎日やっているわけではないし、その準備も一日中かかるものではないですよね。「あの予定があるから」と焦る気持ちこそが、余裕をなくしてしまっているんです。

あまり先のことを考えてやきもきしても、なるようにしかなりません。それに、先々のことで頭をいっぱいにしていると「今ここ」がおろそかになってしまいます。「あれもやらなきゃ、これもしないと」と考えて、目の前のものを楽しめないなんておかしな話ですよね。結局、「時間がある／ない」は、自分が決めているだけなんです。

ですから、私はいつも「予定は前の晩にチェック」と決めています。8店舗も経営していると、毎日何かしらトラブルは起こるし、やらなければいけないことも山積します。でも、だからこそ、「今日できること」に集中して心をこめて生きていきたいと思うんです。

それでも気ぜわしくなってしまうという方に、目の前のことに集中するとっておきの方法をお教えしましょう。それは「お茶を飲む」ということ。なんだそんな簡単なこと？　と思うかもしれませんが、これが最高の現実逃避になるんです。

ティーバッグでもいいのですが、できればポットとカップを用意しましょう。お湯を沸かしてポットとカップを温め、丁寧にお茶を淹れます。お茶の種類はなんでもＯＫ。ゆっくり香りを吸い込み、カップの温もりを手のひらで感じ、うつわを眺め、お茶を美味しくいただく……。コツはとにかく現実を忘れ、一瞬でも逃避すること。集中すると、スッと宇宙とつながれるようなゆったりとした気持ちになれます。クタクタでお茶を淹れる余裕もないという方なら、まずはペットボトルのお茶をお気に入りのカップにうつしてゆっくり飲むところから始めてもいいかもしれません。

このお話をするとよく「瞑想みたいですね」と言われるのですが、瞑想よりもはるかに簡単。ヨガスタジオに瞑想しに行ったら時間がかかりますが、自宅でお茶をいただくだけなら5分、10分あれば充分。なんとも安上がりで確実でしょう？　最高のストレス解消になりますよ。

Q きものやうつわといった日本文化、1から勉強するのは気がひけるんですが

アラフォーの常として、きものやうつわに興味が出てきました。とはいえこの年齢になって1から勉強するのは恥ずかしいし、お店にいきなり行くのもなかなかに敷居が高い。慎太郎さんはどうやって勉強されたんですか?

A 日本文化の「写し」の精神で。自分好みの方の真似から入ってみて

これはもう決まっていて、素敵な方、格好いい方の真似をするのが近道です。真似というとネガティブに聞こえるかもしれないけれど、日本には「写し」という文化があります。きものの着方でも、髪型でも、お皿でも、これはと思う作品や人をなぞることで、その良さを代々受け継いできたという側面があるんです。そして、そうやってたくさん真似されて骨董となって残るものには一流しかない。今見ても、300年前、400年前のうつわって本当に素敵なんですよ。

かくいう私も、銀座にきた頃から少しずつ大先輩がたに教わってきたんです。金子國義先生やコシノジュンコ先生、勘三郎さん……みなさん優しく愛をもって教えてくださるし、違うなと思ったら乞われなくても指摘してくださる。そして、いい意味で「これは本物だから」って押し付けてもくださる（笑）。そういった方々の美意識を素直に受け継いでいるだけなんです。このお店は素敵、この人は格好いいと思った自分好みの方に、ぜひいろいろ質問をしてみてください。私のお店（金沢「紋」、京都「六条河原院讃」）でもいいですし、たとえば京都でいえば「じき 宮ざわ」さん、東京なら神楽坂の「石かわ」さんあたりもおすすめ。宮ざわさんなんて、400年前の古染付の揃いなど素晴らしいものをお持ちですし、いいものを正しく伝えていこうという姿勢がおありですからとても勉強になりますよ。いろんなお料理屋さんにバタバタといっても混乱してしまいますから、ここぞと決めて通われてみてはいかがでしょうか。

それから、うつわを学びたいと思われるなら、骨董をご覧になるのがおすすめ。年中使ってもうつわが割れることはほぼないし、いいものは買っておけばいい骨董になるんですよ。これは自慢になってしまうけれど、私のお店には骨董にならないものは置いてないです。もともと格好いいものが、時を経てなじむのがまた素敵で。毎日必ず飲むお茶や、いただくお食事に、そういった器を使うこと。

そして、こういったお勉強にはお金を使うことも大切です。たとえばアートにしても、日本人は観るばかりで買わないでしょ？　でも、1000円でもいいからまずは買ってみること。そうやってみなさんが見る目を育てていかないと、いい作品がどんどん海外に持っていかれちゃう。（伊藤）若冲《じゃくちゅう》なんてその典型よね。この作品はいいものなのかな？　みんなはどう思っているのかな？　って、勉強もせず人の目を気にしているからいけないの。身銭《みぜに》を切って少しずつ学ぶことね。

お金もスペースもない私。バッグや服をレンタルしてすっきり暮らしたい！

ファッションが大好き、おしゃれが大好き。でもOLの身ではいろいろ買えないから、バッグや洋服のレンタルサービスを使おうかなと思ってます。ブランドものをそういったところでレンタルするの、いまどきだなと思うのですが慎太郎さん的にはアリですか？

それは〝小さな見栄〟。大切なものを少し持つ良さに目を向けて

ブランドものや着物、私も山ほどもっていました。いただくし買うし、お仕事でお客様にお会いするときにおしゃれしていたいなと思う気持ちもありましたから。

でも、サロンでお客様が身につけていらっしゃる本物をたくさん見るうちに、そういった物欲がだんだん消えていったんです。たとえば全身に身につけているダイヤモンドがトータルで1000カラット、みたいな方がいらっしゃるんです。そうなると、メレダイヤなんて恥ずかしくなってしまいますよね。ブルガリにスネークという有名な蛇モチーフのネックレスがあるでしょう？　でも、本当の着道楽はオリジナルを作らせちゃう。ブルガリなのにスネークじゃなくてドラゴンだったりする！　そういう、世界に2つとないようなものを着けた方を見ていると、中途半端なブランドものは逆に恥ずかしくなってしまったんです。

ですから、今はお客様にお会いするときは着物がメイン。昔は数百万の着物をぽんと買ったりしていたけれど、敬愛する金子國義さんに作っていただいたきものを中心に、シンプルなものを大切に着ています。

それに、ブランドものを身につけるならそれなりの流儀があります。一点豪華主義なんて、庶民が考えた言い訳にすぎません。シャネルのバッグはシャネルのスーツで持つべきだし、運転手つきのベントレーとは言わなくてもせめてタクシーに乗ってもってほしいもの。今は不思議な世の中で庶民でもブランドものを持ちたがるけれど、海外では分不相応にブランドものを持っていたら不思議な目で見られてしまう。子どもや庶民が持つものではなくて、衣食住にこだわりを持ち、知識と教養がある人が持つものなんです。

レンタルなぞするより、予算がないなりに質のいいものを探して大切に持ちましょう。数をたくさん持つ、ブランドを見せびらかすより、リーズナブルでいいから「私はこれが好き!」「この服のここが気に入った」と言えるものを探すこと。そういったこだわりや美意識こそが、おしゃれの始まりなのですから。

あとがき

私は北海道で農業を営む両親のもとに生まれました。みんな畑仕事が忙しいので、土間に転がされて育ったような感じですね。自然が豊かだったので、お花畑で冠を編んだり、毎日ひとりで釣りに出かけたり。つい動植物に目がいく子どもで、ドリトル先生みたいに動植物とお話しておりました。

今でこそうつわにまつわるお仕事をしておりますが、骨董に囲まれた、日本文化に触れて育ったというわけではありません。それに、北海道はアイヌ文化を除けば、歴史が150年くらいしかありませんから骨董がなかったし、売られているものはだいたい偽物(笑)。怪しげな骨董商が売っている偽物の古伊万里より、アイヌの工芸品のほうが——子供の頃は古くて地味なものと思っていましたが——面白いし、今でも大好きなもののひとつです。

子どもの頃の思い出で自分らしいなと思うのは、中学生のときにダチョウを手に入れようとしたことでしょうか。動物好きが高じて無性に欲しくなって、動物園にお電話をしてあれこれ聞きました。その頃から大人びた口調だったんでしょうね、誰も不思議に思わず問屋さんを紹介してくれて、問い合わせて値段を聞いたりしていました。結局ダチョウを飼うには至らなかったのですが、「これが欲しい」となったら突き詰めてしまうのは、今も変わらない性格ですね。

下に妹がふたりいる一男二女なんですが、気づけば長男が長女みたいになってしまって、親は驚いたしわけがわからなかったと思います（笑）。でも不思議なことに、わけがわからないものをそのまま受け止める度量もあったんですよ。ですから3姉妹として今も仲良くやっております。

学生になって、ホテルや観光業界について学びたいと京都に行きました。それが今のお仕事のルーツ。ホテルマンをしながらホテルに学費を払っていただき、少しずつ返しながら勉強しました。今でいう勤労学生ですね。この頃は「格好よさ」をはき違えていて、色黒短髪でくねくねしていて人事の方から怒られたり。でも若かったので、おしゃれでありたい、格好よくいたいと私なりに必死だったんですよ。

遊び方もこの頃は派手でしたね。20代半ばだったでしょうか、忙しいのが嬉しくて、おしゃれをするのが楽しくて、毎日寝ずに働いて遊んでいました。今では考えられないのですが、最終の新幹線で東京に来て夜中じゅうお酒を飲んで、朝に帰るような生活だったんです。

そうこうするうちに、人様から頼まれてお店をやるようになりました。最初はとてもオーソドックスな飲み屋さん。だんだん人が集まるようになり、うつわのこと、きもののこと、日本文化のことを実践で学ぶようになりました。もともと古いものに惹かれる傾向はあったのですが、この頃から皆様に教えていただくようになって、みるみるうちにのめり込んでいって。金子國義先生、四谷シモンさん、コシノジュンコさん……。皆さん私のような素人に、それは優しく教えてくださったんです。そうして皆さんからいただいたお知恵を、今回は本にしてお返しさせていただいている感覚です。

気づけば銀座にサロンを構えるようになっただけでなく、金沢や京都に料亭を、北海道に蕎麦割烹を、神楽坂にうつわ屋を営むようになりました。今も、次にやりたいことをあれこれ妄想しておりますし、こうして皆様にお仕えできる毎日が本当に幸せだと思います。

この本が、皆様の毎日も幸せにするよすがとなりますように。

2019年8月

PROFILE

矢部慎太郎
政財界人・文化人・芸能人・銀座の一流クラブのママが集う、銀座のパワースポット「サロン・ド 慎太郎」ママ。
北海道出身。京都祇園でデビューし、2000年に大阪北新地に「サロン・ド 慎太郎」をオープン。2003年に銀座に移転。北海道の「粋人館」、金沢の「かなざわ 紋 MON」、京都の「六条河原院　讃」などの飲食店や神楽坂の器の店「ギャラリー帝」も経営している。
酸いも甘いも知り尽くした懐の深い人柄に、女性ファンも多い。

銀座《ぎんざ》のパワースポットサロン発《はつ》
慎太郎《しんたろう》ママの「毎日《まいにち》の幸《しあわ》せ探《さが》し」

2019年9月10日　第1刷発行

著者　矢部慎太郎《やべしんたろう》
発行者　渡瀬昌彦
発行所　株式会社　講談社
〒112-8001　東京都文京区音羽2丁目12－21
（販売）03-5395-3606
（業務）03-5395-3615
編集　株式会社講談社エディトリアル
代表　堺公江
〒112-0013　東京都文京区音羽1丁目17－18護国寺SIAビル
（編集部）03-5319-2171
装丁　太田穣
印刷　豊国印刷株式会社
製本所　株式会社国宝社

ISBN 978-4-06-515667-4
N.D.C.595　158p　21cm